KB260732

旅游观光服务中国语

여행관광서비스중국어

임소영·유선영·임태현·양우사 공저

　　최근 중국 여행객이 폭발적으로 증가하며, 취업 현장에서 중국어 전공자들의 수요가 급격히 늘고 있습니다. 그럼에도 학생들은 중국어를 몇 년간 학습하여도 학교에서 배운 내용을 현장에서 잘 활용하지 못하고, 취업 현장에서는 중국어 전문 인력을 구하기 힘든 것이 현실입니다. 또한 시중에는 여러 중국어회화교재가 있지만, 대학에서는 중국어 능력 향상과 취업현장에 바로 적용될 수 있는 적합한 교재가 부족해서, 취업이 코앞에 다가온 졸업학기에 회화 교재내용 이외에 취업 상황을 설정하여, 취업 관련 회화 연습을 시키곤 했습니다.

　　중국어 관련 학과 졸업학생들의 취업처는 다양하지만, 주로 여행, 호텔, 면세점 그리고 새롭게 떠오르는 의료관광관련 업종에 취업하고 있습니다. 본 교재에서는 학생들의 취업직군에 맞춘 상황을 설정하여, 실제 현장에서 바로 사용이 가능한 중국어회화로 그 내용을 구성하였습니다. 본 교재의 주요내용으로는 여행업과 호텔업종 취업과 관련하여 공항 및 호텔, 식음료 서비스 중국어, 의료관광과 관련하여 의료 및 성형 서비스 중국어, 그리고 면세점 취업과 관련하여 쇼핑 서비스 중국어 등 크게 여섯 개 단원으로 구성하였습니다.

　　본 교재는 대학교재로도 사용할 수 있지만, 취업을 준비하며 자습하는 학생들을 위해서도 유용할 수 있도록 취업현장에서 사용될 수 있는 내용들을 풍부히 다루었습니다. 또한 학생들은 생동감 있는 내용학습으로 취업을 준비함과 동시에, 교재 구성에 있어 중국어 능력을 향상시킬 수 있도록 한어병음과 본문의 내용을 분리하고 다양한 연습문제를 적용하였습니다.

　　아무쪼록 중국어 기본 과정을 학습한 학생들이 본 교재를 이용하여 중국어 능력이 향상되고 취업 현장에서 유용한 자습서로서 사용되기를 바라며, 본 원고에 생명력을 불어넣어 완성도 높은 교재가 될 수 있도록 예쁜 옷을 입혀주신 제이앤씨 출판사에 감사의 인사를 드립니다.

임소영, 유선영, 임태현, 양우사

1 본문과 한어병음을 분리하여, 초중급단계의 학생들이 중국어 문장을 읽을 때 한어병음을 보고 읽는 습관을 교정하는데 도움이 되도록 하였다.

2 중국어문장은 원래 단어마다의 띄어쓰기가 없지만, 교재 본문의 1,2 단원은 띄어쓰기를 적용하여, 초중급 단계의 학습자들이 중국어문장을 이해하고 해석하는 데 적응하기 쉽도록 유도하였다. 해석은 부록에 넣어 학생 스스로 해석을 연습하고 필요시 참고하도록 구성하였다. 또한 본문 사이에 간격을 넓게 편집하여 학생들의 의문사항을 필기하는데 도움을 주도록 편집하였다.

3 본문 앞에 주요구문을 구성하여, 단원의 주요내용을 숙지하고, 취업현장에서 편리하게 사용할 수 있도록 구성하였다.

4 본문의 단어를 단어집 형태로 따로 때내어 교재 뒤편에 배치함으로서 학습자가 본문과 단어를 학습하는데 보다 편리할 수 있도록 편집하였다.

5 연습문제에서 HSK 준비와 회화연습에 도움이 될 수 있도록 다양하게 구성하였다.

6 연습문제는 교재 뒤편에 워크북 형태로 구성하여 수업시간 이외에 과제물로도 제출할 수 있도록 편집하였다.

旅游观光服务中国语

여행관광서비스중국어

机场服务

第一单元

1-1 接机
공항 영접

1-2 送机
공항 배웅

1-3 登机手续
탑승 수속

01 谨代表AB旅行社欢迎大家来韩国旅游。
Jǐn dàibiǎo AB lǚxíngshè huānyíng dàjiā lái hánguó lǚyóu
AB여행사를 대표해서 한국에 여행오신 여러분을 환영합니다.

02 本公司都已经为大家安排好了。
Běn gōngsī dōu yǐjing wèi dàjiā ānpái hǎo le
본 사에서는 이미 여러분들을 위해 마련해 두었습니다.

03 没问题，一切包在我身上。
Méi wèntí, yíqiè bāo zài wǒ shēnshang
별말씀을요. 모든 것은 제게 맡겨 주십시오.

04 请让我帮您拿行李。
Qǐng ràng wǒ bāng nín ná xíngli
제가 당신의 짐을 들어 드리겠습니다.

05 请大家跟着我走。
Qǐng dàjiā gēnzhe wǒ zǒu
모두 저를 따라오시기 바랍니다.

06 不客气，这是我们应该做的。
Búkèqi, zhèshì wǒmen yīnggāi zuò de
별말씀을요, 이것은 저희가 마땅히 해야 할 일입니다.

07 请在饭店大厅等候。
Qǐng zài fàndiàn dàtīng děnghòu
호텔 로비에서 잠시 기다려 주세요.

08 车子来了，请大家上车。
Chēzi lái le, qǐng dàjiā shàngchē
차가 도착했습니다. 모두들 차에 타십시오.

09 我帮您把行李拿到车上。
Wǒ bāng nín bǎ xíngli ná dào chēshang
당신의 짐은 제가 차에 가져다 놓겠습니다.

10　请别忘了您的手提行李。

Qǐng bié wàng le nín de shǒutí xíngli

당신의 여행 가방을 잊지 마세요.

11　柜台小姐说您的行李超重了。

Guìtái xiǎojiě shuō nín de xíngli chāozhòng le

카운터 직원이 말하길 손님의 여행가방 무게가 초과되었다고 합니다.

12　哪里，一点儿都不麻烦。

Nǎlǐ, yìdiǎnr dōu bù máfan

천만에요, 조금도 귀찮지 않습니다.

13　这是您的证件和登机卡，请拿好。

Zhè shì nín de zhèngjiàn hé dēngjīkǎ, qǐng ná hǎo

이것은 당신의 신분증과 탑승권이니 잘 간직하시기 바랍니다.

14　希望您这次来韩国对我的服务感到满意。

Xīwàng nín zhè cì lái hánguó duì wǒ de fúwù gǎndào mǎnyì

이번 한국여행에서 저의 서비스가 만족스러우셨길 바랍니다.

15　能为您服务是我的荣幸。

Néng wèi nín fúwù shì wǒ de róngxìng

당신께 서비스할 수 있는 것은 저의 영광입니다.

16　我一定会尽力帮忙。

Wǒ yídìng huì jìnlì bāngmáng

제가 반드시 최선을 다해 도와드리겠습니다.

17　要开车了，请大家系好安全带。

Yào kāichē le, qǐng dàjiā jì hǎo ānquándài

자 운전하겠습니다. 모두 안전 벨트를 하시기 바랍니다.

18　祝您旅途平安。

Zhù nín lǚtú píngān

여행(여정)이 평안하시기 바랍니다.

接机

1

领队： 你 是 AB旅行社 派来 接机的 吗？

接待员： 是的，您 是 天津国旅的 领队 张兰 女士 吗？

领队： 是的。

接待员： 欢迎 您 来到 韩国。一路上 都 顺利 吗？

领队： 还 算 顺利，只是 刚才 有些 团员 被 海关 拦 下来 检查 行李， 耽搁了 一些 时间。

接待员： 出了 什么 问题？

1

Lǐngduì: Nǐ shì AB lǚxíngshè pài lái jiē jī de ma?

Jiēdàiyuán: Shì de, nín shì tiānjīn guólǚ de lǐngduì zhāng Lán nǚshì ma?

Lǐngduì: Shì de.

Jiēdàiyuán: Huānyíng nín lái dào Hánguó. Yí lùshang dōu shùnlì ma?

Lǐngduì: Hái suàn shùnlì, zhǐshì gāngcái yǒuxiē tuányuán bèi hǎiguān lán xiàlai jiǎnchá xíngli, dānge le yìxiē shíjiān.

Jiēdàiyuán: Chū le shénme wèntí?

领队： 有人 带了 两瓶 酒，海关 说 每个人 只能 带 一
瓶，结果 他们 被 海关 罚款。还 有人 带
了 水果， 结果 海关 把 水果 没收 了。

接待员： 原来 是 这样 啊！ 难怪 通关 花 了 这么 长 的
时间。

2

接待员： 各位 好，谨 代表 AB旅行社 欢迎 大家 来 韩国
旅游。这次 的 医美 观光 行程，本公司 都 已经
为 大家 安排 好了。

领队： 那 就 麻烦 你 了。

接待员： 没 问题，一切 包 在 我 身上。来，老先生，请
让 我 帮 您 拿 行李。请 大家 跟着 我 走。

老先生： 谢谢 你 啊。

接待员： 不客气，这是 我们 应该 做的。请 跟 我 来，我们
的 车 在 外边 等着。请 这边 走 。

Lǐngduì: Yǒurén dàile liǎng píng jiǔ, hǎiguān shuō měigerén zhǐ néng dài yì píng, jiéguǒ tāmen bèi hǎiguān fákuǎn. Hái yǒurén dàile shuǐguǒ, jiéguǒ hǎiguān bǎ shuǐguǒ mòshōu le.

Jiēdàiyuán: Yuánlái shì zhèyàng a! Nánguài tōngguān huā le zhème cháng de shíjiān.

2

Jiēdàiyuán: Gèwèi hǎo, jǐn dàibiǎo AB lǚxíngshè huānyíng dàjiā lái Hánguó lǚyóu. Zhècì de yī měi guānguāng xíngchéng, běn gōngsī dōu yǐjing wèi dàjiā ānpái hǎole.

Lǐngduì: Nà jiù máfan nǐ le.

Jiēdàiyuán: Méi wèntí, yíqiè bāo zài wǒ shēnshang. Lái, lǎo xiānsheng, qǐng ràng wǒ bāng nín ná xíngli. Qǐng dàjiā gēnzhe wǒ zǒu.

Lǎo xiānshēng: Xièxie nǐ a.

Jiēdàiyuán: Bú kèqi, zhè shì wǒmen yīnggāi zuò de. Qǐng gēn wǒ lái, wǒmen de chē zài wàibian děngzhe. Qǐng zhèbiān zǒu.

☐☐	旅行社	lǚxíngshè	명사	여행사
☐☐	接待员	jiēdàiyuán	명사	접대원
☐☐	顺利	shùnlì	형용사	순조롭다.
☐☐	海关	hǎiguān	명사	세관
☐☐	检查	jiǎnchá	동사	검사하다
☐☐	行李	xíngli	명사	여행 짐
☐☐	通关	tōngguān	명사	통관
☐☐	医美	yīměi	명사	의료와 미용(성형)
☐☐	行程	xíngchéng	명사	여정. 노정
☐☐	已经	yǐjīng	부사	이미. 벌써
☐☐	安排	ānpái	동사	안배하다. 배치하다
☐☐	麻烦	máfan	동사	귀찮게 하다
☐☐	领队	lǐngduì	명사	여행 인솔자. 투어리더(tour leader)
☐☐	包	bāo	동사	일을 도맡다. 책임지다
☐☐	帮	bāng	동사	도와주다

1 ➡ 刚才**有些团员被海关拦下来**检查行李，﹏。

위와 같이 '(동작의 대상) − 被(叫, 让, 给) − 행위자 − 동사구'의 형식으로 '대상이 행위자에게 어떤 일을 당했음'을 강조하는 문장을 '피동문(被字句)'이라고 한다. 이 때 동사는 단독으로 쓸 수 없으며 반드시 '了', '过', 목적어, 보어 등의 기타 성분을 동반해야 한다. 이중 '被' '给'는 행위자를 이미 알고 있거나 말할 필요 없는 경우에는 생략할 수 있다.

❶ 小偷被警察抓到了。

❷ 衣服被雨淋湿了。

❸ 我的自行车被偷了。

❹ 那本杂志给借出去了。

2 ➡ ﹏结果**海关把水果没收了**。

위와 같이 '주어 − 把 − 목적어 − 서술어 − 기타성분'의 형식으로 '주어가 목적어인 사람이나 사물을 어떻게 처리'했는지를 강조하는 문장을 '처치문(把字句)'이라고 한다. 이때 동사는 단독으로 쓸 수 없고 반드시 동사중첩이나 '了' '着', 보어, 목적어 등의 기타 성분을 동반해야 한다.

❶ 你把地扫一扫。

❷ 爸爸把自行车修好了。

❸ 你把这件事告诉他吧。

❹ 风把我的头发吹乱了。

실력 다지기

3 ➡ **原来**是这样啊！

예문에서 '原来'는 '알고 보니'의 의미로 몰랐던 상황을 알게 되었음을 나타낸다. 이 외에 '原来'는 '원래, 본래'의 의미를 나타낼 수도 있는데, 이 경우는 '상황이 변함없이 계속해서 이와 같음'이나 '원래 그랬는데 지금은 바뀐 경우'에 모두 쓸 수 있다.

❶ 原来你还没睡啊!

❷ 原来他出国了，怪不得这些日子没看到他。

❸ 工程师决定按照原来的计划去做。

❹ 这本词典原来是旧的，经过修整又变成新的了。

4 ➡ 本公司都已经为大家安排**好**了。

'결과보어'란 동사 뒤에서 동작이나 행위의 결과를 보충 설명하는 성분을 말한다. 예문에서는 '好'가 동사 '安排'의 결과보어인데, 이와 같이 '好'가 결과보어로 쓰이면 '동작의 완성'이나 '일이 완벽한 상태에 이름'을 나타낸다.

❶ 馒头蒸好了。

❷ 你们准备好了吗?

❸ 我们一定要学好汉语。

❹ 请系好安全带。

5 ⇒ ⌒, 我们的车在外边等**着**。

'着'는 '동사＋着'의 형식으로 '동작、 행위의 지속이나 상태의 지속'을 나타내는 동태조사이다. 한편, '동사1＋着＋(목적어)＋동사2'의 형식으로 사용되기도 하는데, 이 때 동사1을 동사2의 방식이나 수단으로 해석하여 '두 동작이 동시에 진행됨'을 나타낸다.

❶ 他们正谈着话呢。

❷ 门开着。

❸ 他每天开着车子上班。

❹ 我们走着去吧。

送机

①

接待员： 您 明天 的 飞机 下午 3点 20分 起飞，所以 1点
20分 开始 办理 登机 手续。因为 中午 高速公路 可能
会 堵车，所以 我们 明天 得 早点儿 出发。到 机场
的 车子 11点 会 来 接 您，请 在 饭店 大厅 等候。

客人： 好的，我 知道 了。

1

Jiēdàiyuán: Nín míngtiān de fēijī xiàwǔ 3 diǎn 20 fēn qǐfēi, suǒyǐ 1 diǎn 20 fēn kāishǐ bànlǐ dēngjī shǒuxù. Yīnwèi zhōngwǔ gāosù gōnglù kěnéng huì dǔchē, suǒyǐ wǒmen míngtiān děi zǎodiǎnr chūfā. Dào jīchǎng de chēzi 11 diǎn huì lái jiē nín, qǐng zài fàndiàn dàtīng děnghòu.

Kèrén: Hǎode, wǒ zhīdao le.

2

接待员： 您 好，车子 来 了，请 大家 上车。您的 行李 都

拿下来 了 吗？

客人： 都 拿下来 了。一共 有 3件 行李。

接待员： 好的，我 帮 您 把 行李 拿到 车上。

3

接待员： 我们 就 要 开车 了，请 大家 系好 安全带。

接待员： 今天 早上，我 打 电话 到 航空公司 问了 一下。

航空公司 说 因为 机械 故障 的 原因，飞机 会 晚点

两个 小时。我们 还是 按照 原定 时间 出发，

大家 可以 在 机场 免税店 逛 久一点。

接待员： 机场 到了，请 下车。请 别 忘了 您的 手提 行李。

请 在 这里 等一下，我 去 帮 大家 拿 手推车。

2

Jiēdàiyuán: Nín hǎo, chēzi lái le, qǐng dàjiā shàngchē. Nínde xíngli dōu ná xiàlai le ma?

Kèrén: Dōu ná xiàlai le. Yígòng yǒu 3 jiàn xíngli.

Jiēdàiyuán: Hǎo de, wǒ bāng nín bǎ xíngli nádào chēshang.

3

Jiēdàiyuán: Wǒmen jiù yào kāichē le, qǐng dàjiā jìhǎo ānquándài.

Jiēdàiyuán: Jīntiān zǎoshang, wǒ dǎ diànhuà dào hángkōng gōngsī wèn le yíxià. Hángkōng gōngsī shuō yīnwèi jīxiè gùzhàng de yuányīn, fēijī huì wǎndiǎn liǎng ge xiǎoshí. Wǒmen háishì ànzhào yuándìng shíjiān chūfā, dàjiā kěyǐ zài jīchǎng miǎnshuìdiàn guàng jiǔ yìdiǎn.

Jiēdàiyuán: Jīchǎng dào le, qǐng xiàchē. Qǐng bié wàng le nín de shǒutí xíngli. Qǐng zài zhèli děng yíxià, wǒ qù bāng dàjiā ná shǒutuīchē.

☐☐	办理	bànlǐ	동사	처리하다
☐☐	手续	shǒuxù	명사	수속
☐☐	大厅	dàtīng	명사	홀. 로비
☐☐	等候	děnghòu	동사	기다리다
☐☐	一共	yígòng	명사|부사	합계. 전부. 모두
☐☐	安全带	ānquándài	명사	안전 밸트
☐☐	因为	yīn·wèi	접속사	…때문에. …에 의하여
☐☐	按照	ànzhào	개사	~ 에 따라. ~ 에 근거하여
☐☐	免税店	miǎnshuìdiàn	명사	면세점
☐☐	逛	guàng	동사	놀러 다니다. 한가로이 거닐다

1 → **因为**高速公路可能会堵车，**所以**我们明天得早点儿出发。

'因为~所以…'는 '~이기 때문에 그래서 …이다'라는 의미로 인과 관계의 복문을 나타내는 접속사이다. '由于~所以…'도 같은 의미를 나타낸다.

❶ 因为他生病，所以留在饭店休息。

❷ 因为下雪，所以部分行程取消了。

❸ 由于他感冒了，所以他这两天没来上课。

❹ 由于太累，所以他的身体越来越不好。

2 → 因为高速公路可能**会**堵车，所以~
／到机场的车子11点**会**来接你。

위 예문에서 조동사 '会'는 '~할 것이다, ~일 것이다'의 의미로 '가능성 있는 추측이나 예정'을 나타낸다. 한편, '会'는 운동이나 외국어, 요리, 운전 등 훈련이나 학습을 통한 '~할 수 있다'라는 의미를 나타내기도 한다.

❶ 我会去参加你的婚礼。

❷ 明天会下雨。

❸ 我会说英语。

❹ 我会开车。

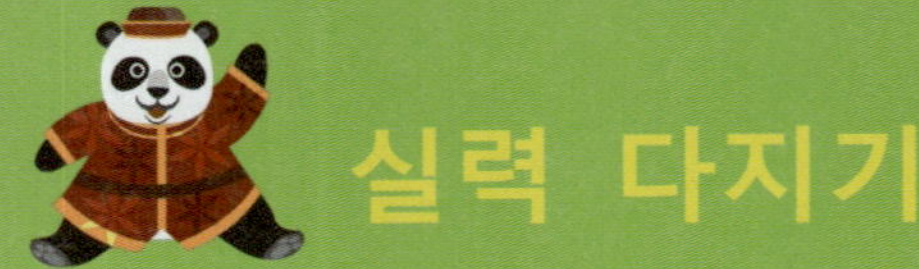

3 ➡ 所以我们明天**得**早一点儿出发。

'得'의 용법은 다양한데, 여기에서는 'děi'로 발음하는 조동사로 '(마땅히) ~해야 한다'의 당위를 나타낸다. 한편, 'dé'라고 발음할 때는 동사로 '얻다, 획득하다'의 의미이고, 'de' 경성으로 발음할 때는 정도보어, 가능보어 등을 만들 때 문법적으로 필요한 구조조사이다.

❶ 这件事我得跟爸妈商量。

❷ 他得了一场大病。

❸ 她跳舞跳得很好。

❹ 你们看得清楚看不清楚?

4 ➡ 我们**就要**开车**了**。

'就要~了'는 어떤 행동이나 상황이 곧 진행되거나 발생함을 나타낸다. '要~了', '快要~了', '快~了' 모두 같은 의미이다.

❶ 天就要黑了，我们赶快回家吧。

❷ 飞机要起飞了。

❸ 天快要下雨了。

❹ 火车快到了。

5 ⇒ 我们**还是**按照原定时间出发，~

예문에서 '还是'는 '그래도, 역시, 아무래도'의 의미로 '비교나 고려 등을 통한 어떤 선택'을 나타내는 부사이다. '还是'는 이밖에도 '여전히, 아직도'의 의미로 '동작이나 상태가 지속됨'을 나타내기도 한다. 한편, 선택을 나타내는 '또는'의 의미일 때는 접속사로서의 용법이다.

❶ 还是我去你那儿吧，你在办公室等我。

❷ 我看还是你来处理一下。

❸ 多年不见，她还是那么年轻。

❹ 你同意还是不同意?

①

客人： 哇，今天 机场 人 好多啊！

接待员： 是啊，今天是 连休 的 第一天，很 多人 出国 去玩。

我们 得 赶紧 去 办理 登机 手续。

接待员： 请 把 您 的 护照、机票 给 我，我 帮 您 去 柜台

办理 登机 手续。

客人： 谢谢，麻烦 你 了。

接待员： 麻烦什么？ 一点儿 都 不 麻烦。您 太 客气 了。

您 要 靠窗 还是 靠 过道 的 位子？

客人： 我 要 靠窗 的 位子。

1

Kèrén: Wa, jīntiān jīchǎng rén hǎoduō a!

Jiēdàiyuán: Shì a, jīntiān shì liánxiū de dì-yī tiān, hěnduō rén chūguó qù wán. Wǒmen děi gǎnjǐn qù bànlǐ dēngjī shǒuxù.

Jiēdàiyuán: Qǐng bǎ nín de hùzhào, jīpiào gěi wǒ, wǒ bāng nín qù guìtái bànlǐ dēngjī shǒuxù.

Kèrén: Xièxie, máfan nǐ le.

Jiēdàiyuán: máfanshénme? yìdiǎnr dōu bù máfan. Nín tài kèqìle. Nín yào kào chuāng háishì kào guòdào de wèizi?

Kèrén: Wǒ yào kào chuāng de wèizi.

2

接待员： 对不起，柜台 小姐 说 您的 行李 超重 了。每个人 限 带 20公斤 的 行李。她 已经 帮 你 放宽 到 25公斤 了，可是 您 还是 超过 3公斤。您 要 把 行李 部分的 东西 拿 出来，还是 要 交 超重费？

客人： 那 超重费 怎么 算？

接待员： 每 超过 一公斤，要 多 交 韩币 5000元。

客人： 那 就 交 吧，把 行李箱 打开 太 麻烦 了。

接待员： 手续 都 办 好了，这是 您的 证件 和 登机卡，请 拿好。您的 登机口 是 32号 登机口，登机 时间 是 2点 50分。时间 差不多 了，您 该 进去 了。

3

接待员： 希望 您 这次 来 韩国 对 我的 服务 感到 满意。

客人： 谢谢 你，多亏 了 你的 帮忙，让 我 在 韩国 一切 都 很 顺利。

接待员： 能 为 您 服务 是 我的 荣幸。您 下次 再来 韩国 旅游 时，可以 跟 我 联系，我 一定 会 尽力 帮忙。

客人： 好的 好的。也 欢迎 你 来 中国 找 我们 玩。

接待员： 谢谢 您的 邀请，祝 您 旅途 平安。我们 后会有 期。再见！

2

Jiēdàiyuán: Duìbuqǐ, guìtái xiǎojiě shuō nín de xíngli chāozhòng le. Měigerén xiàn dài 20 gōngjīn de xíngli. Tā yǐjīng bāng nǐ fàngkuān dào 25 gōngjīn le, kěshì nín háishi chāoguò 3 gōngjīn. Nín yào bǎ xíngli bùfen de dōngxi ná chūlai, háishi yào jiāo chāozhòngfèi?

Kèrén: Nà chāozhòngfèi zěnme suàn?

Jiēdàiyuán: Měi chāoguò yì gōngjīn, yào duō jiāo hánbì 5000 yuán.

Kèrén: Nà jiù jiāo ba, bǎ xínglixiāng dǎkāi tài máfan le.

Jiēdàiyuán: Shǒuxù dōu bàn hǎo le, zhèshì nín de zhèngjiàn hé dēngjīkǎ, qǐng ná hǎo. Nín de dēngjīkǒu shì 32 hào dēngjīkǒu, dēngjī shíjiān shì 2 diǎn 50 fēn. Shíjiān chàbuduō le, nín gāi jìnqu le.

3

Jiēdàiyuán: Xīwàng nín zhècì lái Hánguó duì wǒde fúwù gǎndào mǎnyì.

Kèrén: Xièxie nǐ, duōkuī le nǐ de bāngmáng, ràng wǒ zài Hánguó yíqiè dōu hěn shùnlì.

Jiēdàiyuán: Néng wèi nín fúwù shì wǒ de róngxìng. Nín xiàcì zài lái Hánguó lǚyóu shí, kěyǐ gēn wǒ liánxì, wǒ yídìng huì jìnlì bāngmáng.

Kèrén: Hǎo de hǎo de. Yě huānyíng nǐ lái Zhōngguó zhǎo wǒmen wán.

Jiēdàiyuán: Xièxie nín de yāoqǐng, zhù nín lǚtú píng'ān. Wǒmen hòuhuìyǒuqī. Zàijiàn!

□□ 赶紧	gǎnjǐn	부사	서둘러. 급히. 재빨리
□□ 护照	hùzhào	명사	여권
□□ 柜台	guìtái	명사	계산대. 카운터
□□ 超重	chāozhòng	동사	중량을 초과하다
□□ 超过	chāoguò	동사	초과. 초과하다
□□ 证件	zhèngjiàn	명사	(신분, 경력 등의) 증명서
□□ 登机卡	dēngjīkǎ	명사	탑승권. 보딩패스
□□ 希望	xīwàng	동사	희망(하다). 바라다
□□ 服务	fúwù	동사	복무(하다). 서비스하다
□□ 感到	gǎndào	동사	느끼다. 여기다
□□ 满意	mǎnyì	동사	만족하다. 만족스럽다
□□ 荣幸	róngxìng	동사	영광스럽다. 영광이다
□□ 一定	yídìng	부사	반드시. 일정한
□□ 尽力	jìnlì	동사	힘을 다하다
□□ 祝	zhù	동사	축하하다. 축복하다
□□ 旅途	lǚtú	명사	여정. 여행 도중
□□ 平安	píngān	형용사	평안히. 평안하다

1 → 今天机场人**好**多啊!

부사 '好'는 '매우, 꽤, 몹시'의 의미로 형용사나 동사 앞에서 정도가 심함을 나타낸다. 한편, '좋다', '~하기 편하다'의 의미는 형용사로서의 용법이다.

❶ 今天街上好热闹!

❷ 个子好高好高!

❸ 他唱得比我好。

❹ 这件事情好办。

2 → 麻烦**什么**?

의문대명사 '什么'가 '의문'이 아닌 '부정'의 의미를 나타내는 경우가 있는데, 이때는 '자신은 그렇게 생각하지 않음'을 나타낸다. 특히 예문과 같이 다른 사람의 말을 인용하여 말하면 이는 앞 사람의 말에 '동의하지 않음'을 나타낸다.

❶ 年轻什么，都五十了!

❷ 什么不知道，大家都知道，你怎么会不知道?

❸ 客气什么呀，都是好朋友。

❹ 这个工作有什么好紧张的?

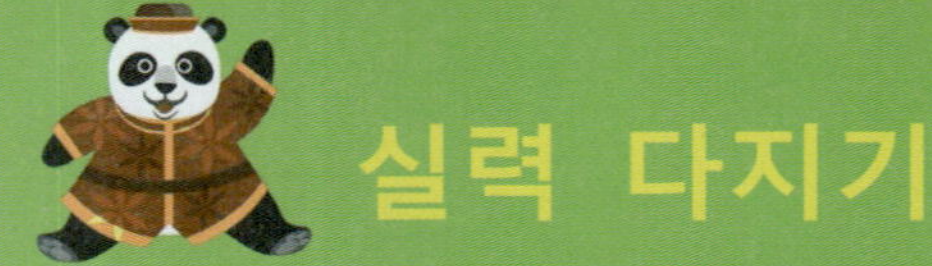

3 ➡ 希望您这次来韩国对我们的服务感到**满意**。

'마음에 들다'라는 의미의 '满意'는 대개 '타인이나 어떤 일 등 외부 환경이 자기의 마음에 부합함'을 나타내고, 비슷한 의미의 '满足'는 '부족함이 없고 충분하다'의 의미와 '(ㅡ 을) 만족시키다'의 의미로 용법상의 약간의 차이가 있다. 또한 '满意'는 주로 '구체적인 사람, 일, 상황' 등과 함께 쓰이고, '满足'는 '추상적인 요구나 희망' 등과 함께 쓰인다.

❶ 她对自己的工作很满意。

❷ 他们都很满意这里的服务。

❸ 有了这样的房子住，他感到很满足了。

❹ 我们一定要满足你们的要求。

4 ➡ **多亏**了你的帮忙，让我在韩国一切都很顺利。

'多亏'는 '다행히, 운 좋게'의 의미로 좋지 않은 결과를 피할 수 있었음을 나타내는 부사이다. 특히 이는 '좋은 결과가 타인의 도움 때문임'을 강조하는 경우에 많이 쓰이고, 명사구나 대명사, 절을 목적어로 동반할 수 있다.

❶ 我们能度过这个难关，多亏了他的帮助。

❷ 这次多亏了你，不然我就麻烦了。

❸ 多亏你提醒了我，不然我就忘了。

❹ 多亏他一直给我补课，这次才能考上好大学。

5 ➡ 〜, **让我**在韩国一切**顺利**。

예문에서 '我'는 동사 '让'의 목적어면서 '顺利'의 주어인데, 이와 같이 앞 술어의 목적어가 뒷 술어의 주어가 될 때 이를 '겸어'라고 하고, 이러한 문장을 '겸어문'이라고 한다. 즉 '(주어) − 술어 − 겸어 − 겸어술어'의 형식인데, 이 경우 대개 술어는 '让' '叫' '使' '请' 등 사역이나 부탁, 명령을 나타내는 동사가 담당한다.

❶ 老师让我先回家。

❷ 医生叫我吃药。

❸ 他的话使我十分生气。

❹ 请他给我回个电话。

Memo

饭店服务

호텔 서비스

第二单元

01 您想订哪种房间？
Nín xiǎng dìng nǎ zhǒng fángjiān
당신은 어떤 방을 예약하시겠습니까?

02 请问您要住几天？
Qǐngwèn nín yào zhù jǐ tiān
며칠을 묵으시겠습니까?

03 请您提前一天告诉我们。
Qǐng nín tíqián yì tiān gàosu wǒmen
저에게 하루 전에 말씀해 주시기 바랍니다.

04 请出示一下您的证件。
Qǐng chūshì yíxià nín de zhèngjiàn
신분증 좀 보여주십시오.

05 请填写一下这张表格。
Qǐng tiánxiě yíxià zhè zhāng biǎogé.
이 양식 좀 작성해 주십시오.

06 请先刷卡付押金。
Qǐng xiān shuākǎ fù yājīn
우선 카드로 보증금을 지불해주십시오.

07 请在这儿签名。
Qǐng zài zhèr qiānmíng
여기에 싸인 해 주십시오.

08 这是您的房卡和早餐券，请收好。
Zhè shì nínde fángkǎ hé zǎocānquàn, qǐng shōu hǎo
여기 객실 카드와 조식권을 받으십시오.

09 祝您住宿愉快！
Zhù nín zhùsù yúkuài !
즐거운 시간 되십시오.

10 您好，我能为您效劳吗？

Nínhǎo, wǒ néngwèi nín xiàoláo ma?
안녕하세요, 당신께 도움을 드려도 될까요?

11 我可以帮您预订。

Wǒ kěyǐ bāng nín yùdìng.
당신 대신 제가 예약 하겠습니다.

12 抱歉，让您久等了。

Bàoqiàn, ràng nín jiǔděng le。
오래 기다리게 해드려 죄송합니다.

13 我们马上派人去修。

Wǒmen mǎshang pài rén qù xiū.
바로 사람을 보내 수리해드리겠습니다.

14 请问有什么事吗？

Qǐngwèn yǒu shénme shì ma?
무슨 일이 있으십니까?

15 这是账单，请您确认一下。

Zhè shì zhàngdān, qǐng nín quèrèn yíxià。
이것이 계산서입니다. 확인해주십시오.

16 您是付现金还是刷卡？

Nín shì fù xiànjīn háishì shuākǎ
현금으로 계산하시겠습니까 아니면 카드로 하시겠습니까?

17 您打算几点来取？

Nín dǎsuàn jǐ diǎn lái qǔ?
대략 몇 시쯤 오셔서 찾아가시겠습니까?

18 这是您的行李存条，请收好。

Zhè shì nín de xíngli cúntiáo, qǐng shōu hǎo.
이것은 손님의 짐 보관표이니, 받으십시오.

接待员：　欢迎 光临，您 要 住宿 吗？

客人：　你们 饭店是 几 星级 的？

接待员：　是 三星级 的。您 想 订 哪种 房间？

客人：　我 要 一间 双人房。

接待员：　请问 是 要 一张 大床 还是 两张 小床？

客人：　两张 小床 的，一晚 多少钱？

接待员：　一晚 是 10万 韩币。请问 您 要 住 几天？

Fúwùyuán: Huānyíng guānglín, nín yào zhùsù ma?

Kèrén: Nǐmen fàndiàn shì jǐ xīngjí de?

Fúwùyuán: Shì sān xīngjí de. Nín xiǎng dìng nǎ zhǒng fángjiān?

Kèrén: Wǒ yào yì jiān shuāngrénfáng.

Fúwùyuán: Qǐngwèn shì yào yì zhāng dà chuáng háishi liǎng zhāng xiǎo chuáng?

Kèrén: Liǎng zhāng xiǎo chuáng de, yì wǎn duōshao qián?

Fúwùyuán: Yì wǎn shì 10 wàn hánbì. Qǐngwèn nín yào zhù jǐ tiān?

客人： 我 预计 住 三天。如果 到时候 我 要 续住 的话，

可以 吗？

接待员： 可以的，但是 请 您 提前 一天 告诉 我们。

客人： 加 一张 床 是 多少钱？

接待员： 加床费 是 3万。

客人： 房费 包含 早餐 吗？

接待员： 是的，有 包含。

客人： 好，我 先 预订 住 三天。

接待员： 好的，请 出示 一下 您的 证件。我 去 复印 一下 您的 证件，请 填写 一下 这 张 表格。谢谢 您的 证件。

客人： 好

接待员： 请 先 刷卡 付 押金。请 在 这儿 签名。

抱歉，让 您 久等了。您的 房号 是 718，这是 您的 房卡 和 早餐券，请 收好。祝 您 住宿 愉快！

Kèrén:	Wǒ yùjì zhù sān tiān. Rúguǒ dàoshíhou wǒ yào xùzhù dehuà, kěyǐ ma?
Fúwùyuán:	Kěyǐ de, dànshì qǐng nín tíqián yì tiān gàosu wǒmen.
Kèrén:	Jiā yì zhāng chuáng shì duōshao qián?
Fúwùyuán:	Jiāchuángfèi shì 3 wàn.
Kèrén:	Fángfèi bāohán zǎocān ma?
Fúwùyuán:	Shìde, yǒu bāohán.
Kèrén:	Hǎo, wǒ xiān yùdìng zhù sān tiān.
Fúwùyuán:	Hǎo de, qǐng chūshì yíxià nín de zhèngjiàn. Wǒ qù fùyìn yíxià nín de zhèngjiàn, qǐng tiánxiě yíxià zhè zhāng biǎogé. Xièxie nín de zhèngjiàn.
Kèrén:	Hǎo
Fúwùyuán:	Qǐng xiān shuākǎ fù yājīn. Qǐng zài zhèr qiānmíng. Bàoqiàn, ràng nín jiǔ děng le. Nín de fáng hào shì 718, zhè shì nín de fángkǎ hé zǎocānquàn, qǐng shōu hǎo. Zhù nín zhùsù yúkuài!

☐☐	订	dìng	동사	예약하다
☐☐	提前	tíqián	동사	(예정된 시간, 기한 등을) 앞당기다
☐☐	告诉	gàosu	동사	알리다. 알려주다
☐☐	出示	chūshì	동사	제시하다. 내보이다
☐☐	填写	tiánxiě	동사	기입하다. 써넣다
☐☐	表格	biǎogé	명사	표. 양식. 서식
☐☐	刷	shuā	동사	(카드를)긁다
☐☐	押金	yājīn	명사	보증금. 담보금
☐☐	签名	qiānmíng	동사	서명하다
☐☐	早餐券	zǎocānquàn	명사	조식권
☐☐	愉快	yúkuài	형용사	기분이 좋다. 유쾌하다

1

① 你**要**住宿吗? / ② 我**要**一间双人房。

①의 '要'는 동사 '住宿' 앞의 조동사로서 '─ 하려고 한다'의 의지를 나타내는 데, 이 밖에 '해야만 한다'의 '당위'를 나타내기도 한다. 반면, ②와 같이 동사로 쓰이는 경우는 '要'가 '원하다' '필요로 하다' '요청하다'의 의미이다.

❶ 我要学打高尔夫球。

❷ 孩子要听妈妈的话。

❸ 你要这个吗?

❹ 那本词典我不要了，你拿去吧。

2

你的饭店是几星级**的**?

어떤 단어나 구 뒤에 '的'를 쓰면 이는 명사 성격으로 바뀌는데, 이를 '的字구조'라고 한다. 개괄적인 사물의 범위를 모두 나타내는데 예문과 같이 '주어＋是＋명사＋的'의 문형인 경우는 '종속'이나 '재료'를 나타내는 경우가 많고, '주어＋是＋동사/형용사/절＋的'인 경우는 的'字가 '분류'나 '주어에 대한 묘사, 설명'을 나타낸다.

❶ '阿Q正传'是鲁迅的。

❷ 这房子是木头的。

❸ 他是搞音乐的。

❹ 西瓜是我最爱吃的。

3 ➡ 请问是一**张**大床还是两张小床?

양사 '张'은 '종이나 가죽'등을 세는 양사이며, 또한 평면적이고 네모난 물체인 '탁자나 침대'를 세기도 한다. 이 밖에 '얼굴이나 입'을 세는데도 사용된다.

❶ 这是一张世界地图。

❷ 这个办公室里有五张桌子。

❸ 每个人都有一张嘴，两个眼睛，一个鼻子。

❹ 一大早就看到他一张脸臭臭的。

4 ➡ (**如果**)到时候我要续住(**的话**)，可以吗?

'如果'는 '만약 ~라면, 만일 ~ 이면'의 의미로 가설 관계를 나타내는 복문에서 어떤 전제나 조건을 나타내는 접속사이다. 회화나 서면어에서 두루 사용되며, 좀 더 구어적인 표현으로는 '要是'가 있다.

❶ 如果我是你的话，我会选择爱情，不会选择面包。

❷ 我死了的话，财产都给你。

❸ 你先回去吧! 如果有什么新情况，我会通知你的。

❹ 要是你不答应，我今天不走了。

5 ➡ 我**去复印**一下您的证件。

예문과 같이 동사 '去' '复印' 등 두 개 이상의 동사가 연용 되어 술어로 사용되는 문장을 '연동문'이라고 한다. 이와 같이 앞의 동사가 '来' '去'인 경우는 뒤 동사가 앞 동사의 목적으로 해석하는 경우가 많다. 한편, 연동문에서는 앞의 동사가 뒤 동사의 방식이 되는 경우도 많다.

❶ 我去医院看朋友。

❷ 王老师来找我们。

❸ 爸爸每天骑自行车上班。

❹ 最近学生们都用手机联系。

2-2　大厅接待

1

服务员：　您好，我 能 为 您 效劳 吗？

客人：　你好！我 刚 到 首尔，要 在 这里 住 三天，有 哪些 地方 可以 去？

服务员：　首尔 市区 有 很 多 景点，明洞、仁寺洞、南大门、东大门 和 汉江 等等，这是 简介，您 可以 拿去 看看。

客人：　你们 有 首尔 地图 吗？

服务员：　有，这里 还有 购物 地图 和 地下铁 地图。

客人：　首尔 晚上 可以 去 哪儿 呢？

1

Fúwùyuán: Nín hǎo, wǒ néng wèi nín xiàoláo ma?

Kèrén: Nǐ hǎo! Wǒ gāng dào Shǒu'ěr, yào zài zhèli zhù sān tiān, yǒu nǎxiē dìfang kěyǐ qù?

Fúwùyuán: Shǒu'ěr shìqū yǒu hěn duō jǐngdiǎn, Míngdòng, Rénsìdòng, Nándàmén, Dōngdàmén hé Hànjiāng děngděng, zhèshì jiǎnjiè, nín kěyǐ náqù kànkan.

Kèrén: Nǐmen yǒu Shǒu'ěr dìtú ma?

Fúwùyuán: Yǒu, zhèli háiyǒu gòuwù dìtú hé dìxiàtiě dìtú.

Kèrén: Shǒu'ěr wǎnshang kěyǐ qù nǎr ne?

服务员：　如果 要 购物 逛街 可以 去 东大门 或 南大门。
如果 要 喝 点 小酒、上 夜店 可以 去 梨泰院 或 弘大
入口。如果 要 看 些 文艺 表演，这里 有 文化 中心
的 公演 时间表，您 可以 参考。

2

客人：　我 想 看 你们 的 "乱打秀"，哪儿 可以 买到 票？

服务员：　我 可以 帮 您 代订。

客人：　太好了，请 帮 我 订 三张。两大一小。

服务员：　哦，它 不分 成人 儿童，它 只分 7万、6万、5万、
4万 四种 席位。还有 它 晚上 有 两场，一场 是 五
点，一场 是 八点的，您 要 看 哪 一场？

客人：　我 要 看 八点的。5万元的 位子。

服务员：　您 要 订 哪一天 的？

客人：　就 订 明天的 吧。另外 请 多 送 一条 毯子 到我们
房间。我们 马桶的 水箱 坏了，请 派个人 去 修。

服务员：　好的，我们 马上 派人 去 修，请问 您的 房号 是 几号？

客人：　713号 房。请 帮 我 叫 一辆 出租车。

服务员：　好的，您 到 哪儿？

客人：　我们 要 去 三清洞。请 帮 我们 跟 出租车 师傅
说 一声。

Fúwùyuán: Rúguǒ yào gòuwù guàngjiē kěyǐ qù Dōngdàmén huò Nán dàmén. Rúguǒ yào hē diǎn xiǎojiǔ, shàng yèdiàn kěyǐ qù Lítàiyuàn huò Hóngdà rùkǒu. Rúguǒ yào kàn xiē wényì biǎoyǎn, zhèli yǒu wénhuà zhōngxīn de gōngyǎn shíjiān biǎo, nín kěyǐ cānkǎo.

2

Kèrén: Wǒ xiǎng kàn nǐmen de "Luàndǎxiù", nǎr kěyǐ mǎidào piào?

Fúwùyuán: Wǒ kěyǐ bāng nín dàidìng.

Kèrén: Tài hǎo le, qǐng bāng wǒ dìng sān zhāng. Liǎng dà yì xiǎo.

Fúwùyuán: Ó, tā bù fēn chéngrén értóng, tā zhǐ fēn 7 wàn, 6 wàn, 5 wàn, 4 wàn sì zhǒng xíwèi. Háiyǒu tā wǎnshang yǒu liǎng chǎng, yì chǎng shì wǔ diǎn, yì chǎng shì bā diǎn de, nín yào kàn nǎ yìchǎng?

Kèrén: Wǒ yào kàn bā diǎn de. 5 wàn yuán de wèizi.

Fúwùyuán: Nín yào dìng nǎ yì tiān de?

Kèrén: Jiù dìng míngtiān de ba. Lìngwài qǐng duō sòng yì tiáo tǎnzi dào wǒmen fángjiān. Wǒmen mǎtǒng de shuǐxiāng huài le, qǐng pài ge rén qù xiū.

Fúwùyuán: Hǎo de, wǒmen mǎshàng pàirén qù xiū, qǐngwèn nínde fánghào shì jǐhào?

Kèrén: 713 hào fáng. Qǐng bāng wǒ jiào yí liàng chūzūchē.

Fúwùyuán: Hǎo de, nín dào nǎr?

Kèrén: Wǒmen yào qù Sānqīngdòng. Qǐng bāng wǒmen gēn chūzū chē shīfu shuō yì shēng.

□□	效劳	xiàoláo	동사	힘쓰다. 진력하다. 복무하다
□□	市区	shìqū	명사	시내 지역
□□	景点	jǐngdiǎn	명사	명소. 경치가 좋은 곳. 경승지
□□	购物	gòuwù	동사	물품을 구입하다
□□	地下铁	dìxiàtiě	명사	지하철
□□	逛街	guàngjiē	동사	거리를 거닐다. 거리 구경을 하다
□□	或	huò	접속사	혹은. 그렇지 않으면
□□	表演	biǎoyǎn	명사동사	연출(하다). 연기(하다)
□□	参考	cānkǎo	동사	참고하다. 참조하다
□□	代订	dàidìng	동사	대신 주문하다
□□	另外	lìngwài	대명사	그 밖의 / 부사 / 달리. 따로
□□	马上	mǎshàng	부사	곧. 즉시

1 　我**刚**到首尔，〜。

'刚(刚)'은 '막, 방금'의 의미로 '말하기 직전이나 어떤 동작 직전에 발생했음'을 나타내는 부사이다. 이는 주어 뒤에만 위치할 수 있으며 현재와 이전의 일에 모두 사용할 수 있는 반면, '刚才'는 주어 앞이나 뒤에 모두 사용될 수 있으며 '말하기 직전'의 현재 상황에서만 쓰이는 시간명사이다.

❶ 刚开始吃饭，孩子就大哭起来。

❷ 他刚到这里几个月，东南西北都搞不清楚。

❸ 刚才李大夫来找过你。

❹ 刚才我看了一会儿电视。

2 　哪儿可以买**到**票？

'到'가 동사의 결과보어로 쓰이면 많은 경우 '동작이 목적에 도달'했음을 나타낸다. 이외에 동작이 '어떤 지점까지 도달'한 것이나 혹은 '어떤 시간까지 지속'되었음을 나타내기도 한다.

❶ 我买到了<汉韩词典>了。

❷ 我找到了我的钱包。

❸ 我们学到第五课了。

❹ 昨天晚上我看书看到十二点。

3 ➡ 就订明天的吧。**另外**请多送一条毯子到我们的房间。

另外는 '그밖에, 별도로'의 의미로 위의 예문에서는 분절이나 구절, 단락을 연결하는 접속사로 사용되었다. 이 밖에 '따로' '그 밖에'의 의미로 부사로 쓰일 수도 있고, 명사나 수량구를 수식하여 쓰이기도 한다.

❶ 电话上已经告诉他了，另外我又写了一封详细的信去。

❷ 你要好好念书。另外，要注意身体健康。

❸ 你另外再画一张给他。

❹ 和你谈另外一件事。

4 ➡ 请多送一**条**毯子到我们的房间。

'条'는 가늘고 긴 물건이나 동물을 세는 양사이다. 한편, 사람의 신체, 목숨을 세기도 하고, 항목으로 나누어 진 추상적인 것을 셀 수도 있다.

❶ 这两条路都通了。

❷ 我买了一条裙子和一条皮带。

❸ 大家全体一条心去开发市场。

❹ 这版报纸一共有五条消息。

5 → 好的，我们**马上**派人去修。

‘马上’은 ‘곧’ ‘즉시’의 의미로 ‘말하는 시점을 기준으로 동작이나 행위가 곧 발생함’을 나타내기도 하고, 또한 ‘어떤 기준이 되는 한 사건 뒤에 이어서 곧 발생함’을 나타내기도 한다. ‘立刻’도 의미상 비슷하나 ‘马上’보다 더 긴박한 경우에만 쓰여 ‘马上’이 사용 범위가 더 넓다고 볼 수 있다.

❶ 再等一会儿，我马上就去。

❷ 听他这么一说，小李马上就答应了。

❸ 看见一位阿姨抱着孩子上车，他立刻起身让座。

❹ 听到这个消息，她立刻哭了起来。

①

服务员： 您好，请问 有 什么 事 吗？

客人： 我 要 退房，请 帮 我 结账。

服务员： 好的，请 把 房卡 给 我 好 吗？请 稍 等 一下。

服务员： 我们 的 查房员 回报 说少 了 一条 浴巾，有 一个 玻璃杯 破了。还有 您 饮用 了 小 冰箱里的 三瓶 饮料，打 了 一个 国际电话。加上 房费，您 一共 消费 了 十七万 三千 两百 元 韩币。这 是 账单，请 您 确认 一下。

1

Fúwùyuán:	Nínhǎo, qǐngwèn yǒu shéme shì ma?
Kèrén:	Wǒ yào tuìfáng, qǐng bāng wǒ jiézhàng.
Fúwùyuán:	Hǎo de, qǐng bǎ fángkǎ gěi wǒ hǎo ma? Qǐng shāo děng yíxià.
Fúwùyuán:	Wǒmen de cháfángyuán huíbào shuō shǎo le yì tiáo yùjīn, yǒu yí ge bōlibēi pò le. Háiyǒu nín yǐnyòng le xiǎo bīngxiāng li de sān píng yǐnliào, dǎ le yí ge guójì diànhuà. Jiāshàng fángfèi, nín yígòng xiāofèi le shíqī wàn sān qiān liǎng bǎi yuán hánbì. Zhè shì zhàngdān, qǐng nín quèrèn yíxià.

客人： 嗯，没错。

服务员： 您 是 付 现金 还是 刷卡？

客人： 刷卡。

② 2

客人： 我 还要 在 这 附近 遛遛，行李 可以 存 在 这儿吗？

行李生： 可以的。您 里面 有 什么 贵重 或 易碎 的 物品吗？

客人： 怎么 啦？

行李生： 如果 您 有 贵重 的 东西，请 寄放 在 柜台 的 保险箱。

如果 有 易碎 的 东西，就 不能 存放。

客人： 哦，里面 没有 什么 特别 的 东西。

行李生： 好的，您 打算 几点 来 取？

客人： 我 可以 明天 再来 取 吗？

行李生： 我们 规定 退房 的 客人 行李 不能 过夜，如果

过夜 要 另外 付 费。

客人： 那 我 今晚 十点 来 取 好了。

行李生： 这是 您的 行李 存条，请 收 好。

Kèrén:	Èng, méicuò.
Fúwùyuán:	Nín shì fù xiànjīn háishì shuākǎ?
Kèrén:	Shuākǎ.

2

Kèrén:	Wǒ háiyào zài zhè fùjìn liùliu, xíngli kěyǐ cúnzài zhèr ma?
Xínglǐ shēng:	Kěyǐ de. Nín lǐmiàn yǒu shénme guìzhòng huò yìsuì de wùpǐn ma?
Kèrén:	Zěnme la?
Xínglǐ shēng:	Rúguǒ nín yǒu guìzhòng de dōngxi, qǐng jìfàng zài guìtái de bǎoxiǎnxiāng. Rúguǒ yǒu yìsuì de dōngxi, jiù bùnéng cúnfàng.
Kèrén:	Ó, lǐmiàn méiyǒu shénme tèbié de dōngxi.
Xínglǐ shēng:	Hǎo de, nín dǎsuàn jǐdiǎn lái qǔ?
Kèrén:	Wǒ kěyǐ míngtiān zàilái qǔ ma?
Xínglǐ shēng:	Wǒmen guīdìng tuìfáng de kèrén xíngli bùnéng guòyè, rúguǒ guòyè yào lìngwài fùfèi.
Kèrén:	Nà wǒ jīnwǎn shí diǎn lái qǔ hǎo le.
Xínglǐ shēng:	Zhèshì nín de xíngli cúntiáo, qǐng shōu hǎo.

☐☐	退	tuì	동사	물러나다. 물리다
☐☐	结账	jiézhàng	동사	(장부를) 결산하다. 계산하다
☐☐	查房	cháfáng	동사	(숙사 등을) 순시하다. 검사하다
☐☐	加上	jiāshàng	동사	더하다. 첨가하다
☐☐	账单	zhàngdān	명사	계산서. 명세서
☐☐	确认	quèrèn	동사	확인하다
☐☐	附近	fùjìn	명사	부근. 근처
☐☐	遛	liú	동사	천천히 거닐다. 산보하다
☐☐	易碎	yìsuì	형용사	깨지기 쉽다
☐☐	寄放	jìfàng	동사	맡겨 두다. 보관하다
☐☐	特别	tèbié	형용사	특별하다 부사 특히
☐☐	打算	dǎsuàn	동사	…하려고 하다. …할 작정이다
☐☐	取	qǔ	동사	가지다. 취하다. 손에 넣다
☐☐	存条	cúntiáo	명사	예금 증서. 보관증

1 ⇒ 请问有**什么**事吗?

'请问有什么事?'에서 '什么'는 '무엇'이라는 '의문'을 나타내고, 이 구절은 의문대명사를 쓴 특지의문문이므로 문미에 어기조사 '吗'를 쓸 수 없다. 그러나 위 문장에서의 '什么'는 '의문'이 아니라 '확실하지 않은 사물이나 사람'을 나타내어 '무슨 일 있어?'라는 의미로 문제가 있는지의 여부를 묻는 시비의문문이므로 '吗'의 사용이 가능하다.

❶ 这是什么地方?

❷ 这是用什么做的?

❸ 你读过他的什么作品吗?

❹ 里面没有什么特别的东西。

2 ⇒ 请把房卡给我，**好吗**?

'문장＋好吗?'는 형식은 '질문'이지만 실제로는 상대방에서 건의를 하거나 상의를 할 때 사용하는 구문이다. '문장＋好不好?'라고 말할 수도 있다.

❶ 我们结婚，好吗?

❷ 寒假我们一起去旅游，好吗?

❸ 您慢点儿说，好不好?

❹ 你辅导我汉语，好不好?

3 ⇒ 您是付现金**还是**刷卡？／您里面有什么贵重**或**易碎的东西吗？

'还是'와 '或(者)'은 모두 '혹은' '또는'의 의미로 선택 관계를 나타내지만 그 용법에 차이가 있다. '还是'는 '화자가 어떤 것인지 모를 때'쓰는 것이고, '或(者)'는 '화자가 상대방에게 여러가지 가능성이 있음을 알려줄 때' 사용된다.

❶ 你们骑自行车去还是坐汽车去？

❷ 我不知道先去北京好还是先去上海好。

❸ 你明天来或者后天来都行。

❹ 这次会议你去参加，或者他去参加，都行。

4 ⇒ 我**还**要在这附近遛遛，﹏。

예문에서 '还'는 '또, 더'의 의미로 '항목이나 수량의 증가, 범위의 확대'를 나타내는 부사이다. 이밖에 '还'는 '여전히'의 의미로 '동작이나 상태가 지속됨'을 나타내기도 하고, '아직'의 의미로 '시간이 되지 않았음'을, '그런대로'의 의미로 '그럭저럭 무난함'을 나타내는 등 그 용법이 다양하다.

❶ 还要别的吗？

❷ 他还在图书馆。

❸ 我还没结婚。

❹ 这张画儿画得还可以。

5 → 行李可以存在这儿吗？ / 请**寄放**在柜台的保险箱。
/ 如果有易碎的东西，就不能**存放**。

'存'은 '맡기다, 보관하다'의 의미인데, 위 예문의 '寄放' '存放' 모두 같은 의미이다. '存'은 이외에 '있다, 존재하다'의 뜻과 '저축하다'의 의미로도 쓰인다.

❶ 把自行车存在存车处。

❷ 我的东西可以暂时存在这里吗？

❸ 父母俱存，兄弟无故。

❹ 要存钱，首先得省钱。

Memo

餐饮服务

식음료 서비스

01

欢迎光临，请问订位了吗？

Huānyíng guānglín, qǐngwèn dìngwèi le ma?

어서 오세요, 자리를 예약하셨습니까?

02

请问有几位？

Qǐngwèn yǒu jǐ wèi?

몇 분이세요?

03

请问要坐吸烟区还是非吸烟区？

Qǐngwèn yào zuò xīyānqū háishì fēixīyānqū?

흡연석을 원하십니까, 비 흡연석으로 원하십니까?

04

那个位子有人预订了。

Nàgè wèizi yǒu rén yùdìng le

저 자리는 다른 사람이 예약한 것입니다.

05

坐这里如何？

Zuò zhèli rúhé?

이쪽 좌석은 어떠십니까?

06

我马上帮您去拿。

Wǒ mǎshàng bāng nín qù ná.

제가 바로 가져다 드리겠습니다.

07

需要我带您去吗？

Xūyào wǒ dài nín qù ma?

제가 당신을 모시고 갈까요?

08

这是我们的菜单，请先看看。

Zhèshì wǒmen de càidān, qǐng xiān kànkan.

이것이 저희 메뉴판이니 우선 보시기 바랍니다.

09

要点菜时，请叫我一声。

Yào diǎncài shí, qǐng jiào wǒ yìshēng

주문하실 때, 저를 불러주세요.

10 请问要点什么菜？

Qǐngwèn yào diǎn shénme cài?
무슨 음식을 주문하시겠습니까?

11 还要别的吗？

Háiyào biéde ma?
더 필요하신 게 있으신가요?

12 请问要什么酒水吗？

Qǐngwèn yào shénme jiǔshuǐ ma?
술(음료)도 주문하시겠습니까?

13 我重复一下您点的菜。

Wǒ chóngfù yíxià nín diǎn de cài.
당신이 주문한 요리를 한 번 말씀드려보겠습니다.

14 您有什么忌口的吗？

Nín yǒu shénme jìkǒu de ma?
무슨 금기사항이라도 있으십니까?

15 这是本店招待的。

Zhèshì běndiàn zhāodài de.
이것은 본 점에서 제공되는 것입니다.

16 上菜了，请让一下。

Shàngcàile, qǐng ràng yíxià.
음식이 나왔습니다. 잠시 비켜주시겠어요.

17 请小心，别烫着了。

Qǐng xiǎoxīn, bié tàngzháo le.
뜨거우니 화상 조심하십시오.

18 您的菜都上齐了，请慢用。

Nínde cài dōu shàng qí le, qǐng mànyòng.
주문하신 요리가 모두 나왔습니다, 맛있게 드세요.

19 请问是哪位买单？
Qǐngwèn shì nǎ wèi mǎidān?
어떤 분이 계산하시겠습니까?

20 一做好，我马上就送来。
Yí zuò hǎo, wǒ mǎshàng jiù sòng lái
만들어지는대로, 제가 바로 갖다 드리겠습니다.

21 我会跟厨房反映并且改进。
Wǒ huì gēn chúfáng fǎnyìng bìngqiě gǎijìn.
제가 주방에 말하여 시정도록 하겠습니다.

22 对不起，今天服务不周到。
Duìbuqǐ, jīntiān fúwù bù zhōudào
죄송합니다, 오늘 서비스가 만족스럽지 못하였습니다.

23 我待会儿请柜台再帮您打个折。
Wǒ dàihuìr qǐng guìtái zài bāng nín dǎ ge zhé
좀 있다 카운터에 가서 좀 더 할인받을 수 있도록 도와드리겠습니다.

24 谢谢光临，请慢走。
Xièxie guānglín, qǐng màn zǒu
찾아주셔서 감사합니다. 안녕히 가십시오.

迎宾员： 欢迎光临，请问订位了吗？

客人： 没有。

迎宾员： 请问有几位？

客人： 五位。

迎宾员： 请问要坐吸烟区还是非吸烟区？

客人： 非吸烟区。

迎宾员： 很抱歉，现在非吸烟区没座了。您得稍等一下。

Yíngbīnyuán: Huānyíng guānglín, qǐngwèn dìngwèi le ma?

Kèrén: Méiyǒu.

Yíngbīnyuán: Qǐngwèn yǒu jǐ wèi?

Kèrén: Wǔ wèi.

Yíngbīnyuán: Qǐngwèn yào zuò xīyānqū háishi fēixīyānqū?

Kèrén: Fēixīyānqū.

Yíngbīnyuán: Hěn bàoqiàn, xiànzài fēixīyānqū méi zuò le. Nín děi shāo děng yíxià.

客人：　　得等多久？

迎宾员：　您前面还有七组客人在等位子，大概十五分钟。

客人：　　那我们去坐吸烟区好了。

迎宾员：　好的，请跟我来。

客人：　　我们要凉一点、靠窗的位子。

迎宾员：　这个位子怎么样？

客人：　　这个位子不好，靠近厕所。我们要坐那里。

迎宾员：　对不起，那个位子有人预订了。 坐这里如何？

客人：　　好吧，就坐这里。你们有儿童专用座椅吗？

迎宾员：　有的，我马上帮您去拿。请稍等。

客人：　　再帮我们加把椅子好吗？包儿太多了，没地方搁。

迎宾员：　好的，没问题。

客人：　　请问洗手间在哪儿？

迎宾员：　请往里走，在右边儿。需要我带您去吗？

客人：　　不用，我自个儿可以去。谢谢。

Kèrén: Děi děng duōjiǔ?

Yíngbīnyuán: Nín qiánmiàn háiyǒu qīzǔ kèrén zài děng wèizi, dàgài shíwǔ fēnzhōng.

Kèrén: Nà wǒmen qù zuò xīyānqū hǎole.

Yíngbīnyuán: Hǎo de, qǐng gēn wǒ lái.

Kèrén: Wǒmen yào liáng yìdiǎn, kào chuāng de wèizi.

Yíngbīnyuán: Zhège wèizi zěnmeyàng?

Kèrén: Zhège wèizi bù hǎo, kàojìn cèsuǒ. Wǒmen yào zuò nàli.

Yíngbīnyuán: Duìbuqǐ, nàgè wèizi yǒurén yùdìng le. Zuò zhèli rúhé?

Kèrén: Hǎo ba, jiù zuò zhèlǐ. Nǐmen yǒu értóng zhuānyòng zuòyǐ ma?

Yíngbīnyuán: Yǒu de, wǒ mǎshàng bāng nín qù ná. Qǐng shāo děng.

Kèrén: Zài bāng wǒmen jiā bǎ yǐzi hǎoma? Bāor tài duō le, méi dìfang gē.

Yíngbīnyuán: Hǎo de, méi wèntí.

Kèrén: Qǐngwèn xǐshǒujiān zài nǎr?

Yíngbīnyuán: Qǐng wǎng lǐ zǒu, zài yòubiānr. Xūyào wǒ dài nín qù ma?

Kèrén: Búyòng, wǒ zìgěr kěyǐ qù. Xièxie.

□□ 吸烟　　xīyān　　동사　　담배를 피우다

□□ 大概　　dàgài　　형용사|부사　　대충(의). 대략적인

□□ 靠近　　kàojìn　　동사　　가까이 가다. 다가가다

□□ 如何　　rúhé　　대명사　　어떠한가. 어떠하냐

□□ 专用　　zhuānyòng　　명사|동사　　전용(하다)

□□ 洗手间　　xǐshǒujiān　　명사　　화장실

1 → 您前面还有七组客人**在**等位子，大概十五分钟。

예문에서 '在'는 '지금~하는 중'의 의미로 '동작의 진행이나 상태의 지속'을 나타내는 가장 일반적인 부사이다. '正'과 '正在'도 비슷한 의미를 나타내지만 '正'은 단독으로 쓸 수 없어 '正＋동사＋着／呢／着呢'의 형식으로만 쓰인다. 또한 '在'는 ②의 예처럼 동사의 반복적 진행이나 긴 시간의 지속을 나타낼 수도 있지만 '正'과 '正在'는 불가능하다.

❶ 妈妈在写信，爸爸在看小说。

❷ 我一直在研究这个课题。

❸ 我正等着你的回答呢。

❹ 小李正在做实验，不要去打扰他。

2 → 好的，请**跟**我来。

여기에서의 '跟'은 동사로 '뒤따르다'의 의미이다. '跟'은 이 밖에 주로 전치사로 사용되는데 '~와'의 의미로 동작과 함께하는 대상을 나타내기도 하고, '~에게'의 의미로 동작과 관계되는 대상을 나타내기도 한다.

❶ 请跟我读。

❷ 爷爷在前面走，我在后面跟着。

❸ 我儿子跟同学们游泳去了。

❹ 这本杂志你跟谁借的?

3   这个位子**怎么样**? / 坐这里**如何**?

'如何'는 '怎么样'과 마찬가지로 '어떠한가' '어떠냐'의 의미로 의견이나 의향을 묻는 대명사이다. '어떻게'의 의미로 방식이나 방법을 나타내기도 한다.

❶ 你去韩国玩儿得怎么样?

❷ 最近中国的经济情况如何?

❸ 你考试考得如何?

❹ 这个问题如何解决?

4   再帮我们加**把**椅子好吗?

'把'는 일반적으로 손잡이가 있는 물건을 세는 양사이다. 예문처럼 의자를 셀 뿐 아니라 칼, 부채, 차 주전자, 우산을 셀 때 사용한다.

❶ 这把雨伞是谁的?

❷ 一把刀多少钱?

❸ 诸葛亮为什么总是拿着一把扇子?

❹ 这把茶壶品质如何?

5 ⟶ 包儿太多了，没地方搁。

동사가 두 개 이상 연달아 나오는 연동문에서 첫 번째 동사가 '有'나 '没有'이면 두 번째 동사나 동빈구는 첫 번째 동사구를 보충 설명하는 작용을 한다.

❶ 解放以前，他家生活很苦，没有饭吃，没有衣服穿。

❷ 我有几个问题问你。

❸ 我没有时间看书。

❹ 我没有钱借给你。

1

服务员：　您好，这是我们的菜单，请先看看。要点菜时，请叫我一声。

客人1：　服务员，我们要点菜。

服务员：　请问要点什么菜？

客人1：　什么是部队汤啊？

服务员：　就是汤里放了几节火腿肠、几片午餐肉、一些杂菜、和泡菜等。味道不错，您可以试试。很多中国客人喜欢这道菜。

1

Fúwùyuán: Nín hǎo, zhè shì wǒmen de càidān, qǐng xiān kànkan. Yào diǎncài shí, qǐng jiào wǒ yìshēng.

Kèrén 1: Fúwùyuán, wǒmen yào diǎncài.

Fúwùyuán: Qǐngwèn yào diǎn shénme cài?

Kèrén 1: Shénme shì Bùduìtāng a?

Fúwùyuán: Jiùshì tāng li fàng le jǐ jié hǔotuǐcháng, jǐ piàn wǔcānròu, yìxiē zácài, hé pàocài děng. Wèidao búcuò, nín kěyǐ shìshi. Hěn duō Zhōngguó kèrén xǐhuan zhè dào cài.

客人1： 好，就点这个菜。你们的招牌菜是什么？

服务员： 我们餐厅最有名的是土豆排骨汤和海鲜煎饼。

客人1： 那就来这两个。

服务员： 还要别的吗？

客人1： 我们还要三碗米饭。

服务员： 请问要什么酒水吗？

客人1： 来一瓶大瓶可乐。

服务员： 很抱歉，我们没有大可，只有听装的。您要几听？

客人1： 就来三听吧。

客人2： 有什么酒？

服务员： 我们有啤酒、韩国烧酒、马格利米酒。

客人2： 马格利米酒是什么酒？

服务员： 那是一种韩国传统的白色米酒，喝起来酸酸甜甜的。

客人2： 那就来一瓶尝尝吧。

服务员： 好的，我重复一下您点的菜。您点了一道部队汤，

一道土豆排骨汤，一个海鲜煎饼，三碗米饭，三听可乐，

一瓶马格利。

Kèrén 1: Hǎo, jiù diǎn zhège cài. Nǐmen de zhāopáicài shì shénme?

Fúwùyuán: Wǒmen cāntīng zuì yǒumíng de shì Tǔdòu Páigǔtāng hé Hǎixiān Jiānbing.

Kèrén 1: Nà jiù lái zhè liǎng ge.

Fúwùyuán: Háiyào biéde ma?

Kèrén 1: Wǒmen háiyào sān wǎn mǐfàn.

Fúwùyuán: Qǐngwèn yào shénme jiǔshuǐ ma?

Kèrén 1: Lái yì píng dà píng kělè.

Fúwùyuán: Hěn bàoqiàn, wǒmen méiyǒu dà kě, zhǐyǒu tīng zhuāng de. Nín yào jǐ tīng?

Kèrén 1: Jiù lái sān tīng ba.

Kèrén 2: Yǒu shénme jiǔ?

Fúwùyuán: Wǒmen yǒu píjiǔ, Hánguó Shāojiǔ, Mǎgélì Mǐjiǔ.

Kèrén 2: Mǎgélì Mǐjiǔ shì shénme jiǔ?

Fúwùyuán: Nà shì yì zhǒng Hánguó chuántǒng de báisè mǐjiǔ, hē qǐlai suān suān tián tián de.

Kèrén 2: Nà jiù lái yì píng chángchang ba.

Fúwùyuán: Hǎode, wǒ chóngfù yíxià nín diǎn de cài. Nín diǎn le yí dào Bùduìtāng, yí dào Tǔdòu Páigǔtāng, yí ge Hǎixiān Jiānbing, sān wǎn mǐfàn, sān tīng kělè, yì píng Mǎgélì.

2

客人1：　　　我们点这些菜够吗？

服务员：　　我觉得差不多了，您先吃，如果不够的话，可以再加点。

客人2：　　赶快帮我们上菜，我们赶时间。

服务员：　　好的。您有什么忌口的吗？

客人1：　　　别搁太多辣子，太辣我们吃不了。

客人2：　　少油少盐不放味精，我们吃得很清淡。

3

客人1：　　咦？我们没点这些小菜啊？

服务员：　　哦，这是本店招待的。

客人2：　　韩国吃饭真好，还有免费的小菜可招待。

服务员：　　这是我们韩国的传统，会送一些小菜，吃不够的话，
　　　　　　还可以再要。

客人1：　　有没有热开水？我们习惯喝热的。

服务员：　　好的，我马上帮你们送过来。

客人2：　　多给我们几双筷子和勺子当公筷母勺，还有几个空碗。

2

Kèrén 1:   Wǒmen diǎn zhèxiē cài gòu ma?

Fúwùyuán: Wǒ juéde chàbuduō le, nín xiān chī, rúguǒ búgòu dehuà, kěyǐ zài jiādiǎn.

Kèrén 2:   Gǎnkuài bāng wǒmen shàngcài, wǒmen gǎn shíjiān.

Fúwùyuán: Hǎo de. Nín yǒu shénme jìkǒu de ma?

Kèrén 1:   Bié gē tài duō làzi, tài là wǒmen chībuliǎo.

Kèrén 2:   Shǎo yóu shǎo yán bú fàng wèijīng, wǒmen chī de hěn qīngdàn.

3

Kèrén 1:   Yí? Wǒmen méi diǎn zhèxiē xiǎocài a?

Fúwùyuán: Ó, zhè shì běndiàn zhāodài de.

Kèrén 2:   Hánguó chīfàn zhēn hǎo, hái yǒu miǎnfèi de xiǎocài kě zhāodài.

Fúwùyuán: Zhè shì wǒmen Hánguó de chuántǒng, huì sòng yìxiē xiǎocài, chī búgòu dehuà, hái kěyǐ zài yào.

Kèrén 1:   Yǒu méiyǒu rè kāishuǐ? Wǒmen xíguàn hē rè de.

Fúwùyuán: Hǎo de, wǒ mǎshàng bāng nǐmen sòngguòlai.

Kèrén 2:   Duō gěi wǒmen jǐ shuāng kuàizi hé sháozi dāng Gōng Kuài Mǔ Sháo, hái yǒu jǐ ge kōng wǎn.

客人1：　你们有一次性木筷子吗？这铁筷子不好用。

服务员：　有的，我马上帮你们换。

服务员：　上菜了，请让一下。请小心，别烫着了。这是您点的
　　　　　部队汤，请慢用。这是您点的土豆排骨汤和海鲜煎饼。
　　　　　您的菜都上齐了，请慢用。

4

客人：　服务员，结账。帮我们把剩下的菜打包。

服务员：　我们打包只有塑料袋，没有塑料餐盒，可以吗？

客人：　可以。

服务员：　好的，请稍等。　请问是哪位买单？

客人：　我来。

服务员：　好的，这是您的账单。

客人：　除了餐费，多了百分之二十是什么？

服务员：　百分之十是服务费，百分之十是附加税。

客人：　可以刷卡吗？

服务员：　可以，我们这里接受信用卡和中国银联卡。

Kèrén 1: Nǐmen yǒu yícìxìng mùkuàizi ma? Zhè tiěkuàizi bù hǎo yòng.

Fúwùyuán: Yǒu de, wǒ mǎshàng bāng nǐmen huàn.

Fúwùyuán: Shàngcài le, qǐng ràng yíxià. Qǐng xiǎoxīn, bié tàngzháo le. Zhè shì nín diǎn de Bùduìtāng, qǐng mànyòng. Zhè shì nín diǎn de Tǔdòu Páigǔtāng hé Hǎixiān Jiānbǐng. Nín de cài dōu shàng qí le, qǐng mànyòng.

4

Kèrén: Fúwùyuán, jiézhàng. Bāng wǒmen bǎ shèngxià de cài dǎbāo.

Fúwùyuán: Wǒmen dǎbāo zhǐyǒu sùliàodài, méiyǒu sùliào cānhé, kěyǐ ma?

Kèrén: Kěyǐ.

Fúwùyuán: Hǎo de, qǐng shāo děng. Qǐngwèn shì nǎwèi mǎidān?

Kèrén: Wǒ lái.

Fúwùyuán: Hǎo de, zhè shì nín de zhàngdān.

Kèrén: Chúle cānfèi, duō le bǎi fēn zhī èrshí shì shénme?

Fúwùyuán: Bǎi fēn zhī shí shì fúwùfèi, bǎi fēn zhī shí shì fùjiāshuì.

Kèrén: Kěyǐ shuākǎ ma?

Fúwùyuán: Kěyǐ, wǒmen zhèli jiēshòu xìnyòngkǎ hé Zhōngguó yínlián kǎ.

☐☐	点菜	diǎncài	동사	요리를 주문하다
☐☐	菜单	càidān	명사	메뉴. 식단. 차림표
☐☐	部队汤	bùduìtāng	명사	부대찌개
☐☐	火腿肠	huǒtuǐcháng	명사	햄소시지
☐☐	午餐肉	wǔcānròu	명사	스팸. 런천미트
☐☐	泡菜	pàocài	명사	김치
☐☐	招牌菜	zhāopáicài	명사	간판 요리
☐☐	土豆排骨汤	tǔdòupáigǔtāng	명사	감자탕. 뼈다귀 해장국
☐☐	海鲜煎饼	hǎixiānjiānbing	명사	해물전
☐☐	大可	dàkě	명사	1.5L 콜라
☐☐	烧酒	shāojiǔ	명사	소주. 배갈. 백주(白酒)
☐☐	传统	chuántǒng	명사	전통
☐☐	重复	chóngfù	명사동사	중복(하다). 반복(하다)
☐☐	忌口	jìkǒu	동사	음식을 가리다
☐☐	味精	wèijīng	명사	화학조미료
☐☐	清淡	qīngdàn	형용사	단백하다. 싱겁다
☐☐	招待	zhāodài	동사	접대하다
☐☐	烫	tàng	동사	데다. 화상 입다. 뜨겁다
☐☐	齐	qí	동사	갖추어지다. 완비되다
☐☐	慢用	mànyòng	속어	천천히 드세요!
☐☐	打包	dǎbāo	동사	포장하다. 짐을 묶다
☐☐	买单	mǎidān	동사	계산하다
☐☐	除了	chúle	접속사	…을[를] 제외하고(는)
☐☐	附加税	fùjiāshuì	명사	부가세
☐☐	信用卡	xìnyòngkǎ	명사	신용 카드
☐☐	中国银联卡	Zhōngguóyínliánkǎ	명사	중국은행 공통신용카드

1 ⇒ 喝**起来**酸酸甜甜的。

일반적으로 방향을 나타내는 동사가 주 동사 뒤에서 이를 보충 설명하는 것을 '방향보어'라고 한다. 방향보어 '起来'는 '일어나다'의 기본의미를 나타낼 수도 있고, 이외의 여러 파생의미를 나타내기도 하는데, 여기에서는 '견해'를 나타낸다. 이 밖에 '起来'의 파생의미로는 '시작하여 계속'의 의미와 '분산→집중'의 의미를 나타내기도 한다.

❶ 大家都站起来了。

❷ 这件衣服看起来不怎么样，不过穿起来还挺漂亮的。

❸ 看到那个女孩，他的脸就红起来了。

❹ 你先把东西集中起来吧。

2 ⇒ 喝起来**酸酸甜甜的**。

중복된 형용사는 생동감을 더하거나 의미를 더욱 강조하는 역할을 한다. 일반적인 2음절 형용사는 'AABB'의 형식으로 중첩하는데, 이 경우 '很', '非常' 등의 부사 수식을 받을 수 없다. 또한 문장 끝에 오면 대개 '的'을 동반한다.

❶ 他只是一个普普通通的市民。

❷ 我们痛痛快快地喝一杯吧。

❸ 家里只有我一个人，冷冷清清的。

❹ 屋里干干净净的。

3 ⇒ 太辣我们吃**不了**。

'가능보어'란 서술어 뒤에서 가능한가의 여부를 보충 설명하는 문장성분을 말한다. 대개 '술어(동/형)＋得/不＋결과보어/방향보어/了'의 형태로 사용되는데, 이때 '得'는 긍정을, '不'는 부정을 나타낸다.

❶ 你看得懂汉字吗?

❷ 这道数学题我算不出来。

❸ 你吃得了这么多饺子吗?

❹ 明天的聚会，我去不了。

4 ⇒ 我们**吃得很清淡**。

'정도보어'란 대개 서술어 뒤에서 그 정도나 상태를 보충 설명하는 문장성분인데, '주어＋서술어＋得＋정도보어'의 형식으로 쓰인다. 정도보어 문형에서 목적어가 있는 경우는 그 어순에 유의해야 하는데, 첫째, 서술어를 반복하여 '주어＋서술어＋목적어＋서술어＋得＋정도보어'의 형식과 둘째, 목적어를 서술어 앞으로 오게 하여 '주어＋목적어＋서술어＋得＋정도보어'의 형식으로 사용한다.

❶ 我身体好得很！

❷ 火车跑得快，汽车跑得慢。

❸ 他唱歌唱得非常好。

❹ 我晚饭吃得很多。

5 → 您的菜上**齐**了，请慢**用**。

동사 '齐'는 '빠짐이 없다, 완전하다'의 의미로 '식탁에 음식을 내놓다, 차리다'
의미인 동사 '上'의 결과보어로 사용되었다. 한편, 위의 '用'은 '먹다' '마시다'
라는 의미이다.

❶ 人都到齐了吗?

❷ 材料都预备齐了。

❸ 请用茶。

❹ 本餐厅自助餐用餐時間限定两个小时。

1

客人： 服务员，这是我们点的海鲜乌冬面吗？

服务员： 是的，是你们的海鲜乌冬面。

客人： 怎么只有一点点海鲜呢？

服务员： 对不起，我们的海鲜本来就不太多。

客人： 而且这面也凉了，怎么吃啊？

服务员： 是吗？对不起，我马上给你们换。

客人： 我们点的糖醋肉也还没来，太慢了！

1

Kèrén: Fúwùyuán, zhè shì wǒmen diǎn de Hǎixiān Wūdōngmiàn ma?

Fúwùyuán: Shì de, shì nǐmen de Hǎixiān Wūdōngmiàn.

Kèrén: Zěnme zhǐyǒu yìdiǎndiǎn hǎixiān ne?

Fúwùyuán: Duìbuqǐ, wǒmen de hǎixiān běnlái jiù bú tài duō.

Kèrén: Érqiě zhè miàn yě liáng le, zěnme chī a?

Fúwùyuán: Shì ma? Duìbuqǐ, wǒ mǎshàng gěi nǐmen huàn.

Kèrén: Wǒmen diǎn de Tángcùròu yě háiméi lái, tài màn le!

服务员：　对不起，今天是周末，客人比较多。

客人：　　还要等多久啊？

服务员：　10分钟左右。

客人：　　那我们不要了，帮我们退了。

服务员：　请您等一等，我去厨房帮你们催一催。一做好，我马
　　　　　上就送来。

服务员：　对不起，让你们久等了。

②

客人：　　你们的菜太咸了。还有你们的餐具没洗干净，有点儿脏。

服务员：　是吗？我会跟厨房反映并且改进。谢谢您的意见。

服务员：　对不起，今天服务不周到，这是本店招待的果盘，
　　　　　请慢用。

客人：　　送个果盘就没事了吗？我们今天吃了一肚子气。

服务员：　很抱歉，我待会儿请柜台再帮您打个折。

客人：　　这才像话。

服务员：　真的很抱歉，希望你们见谅。谢谢光临，请慢走。

Fúwùyuán: Duìbuqǐ, jīntiān shì zhōumò, kèrén bǐjiào duō.

Kèrén: Hái yào děng duōjiǔ a?

Fúwùyuán: 10 Fēnzhōng zuǒyòu.

Kèrén: Nà wǒmen bú yào le, bāng wǒmen tuì le.

Fúwùyuán: Qǐng nín děng yì děng, wǒ qù chúfáng bāng nǐmen cuī yi cuī. Yí zuò hǎo, wǒ mǎshàng jiù sòng lái.

Fúwùyuán: Duìbuqǐ, ràng nǐmen jiǔ děng le.

2

Kèrén: Nǐmen de cài tài xián le. Hái yǒu nǐmen de cānjù méi xǐ gānjìng, yǒudiǎnr zāng.

Fúwùyuán: Shì ma? Wǒ huì gēn chúfáng fǎnyìng bìngqiě gǎijìn. Xièxie nín de yìjiàn.

Fúwùyuán: Duìbuqǐ, jīntiān fúwù bù zhōudào, zhè shì běndiàn zhāodài de guǒpán, qǐng mànyòng.

Kèrén: Sòng ge guǒpán jiù méi shì le ma? Wǒmen jīntiān chīle yí dùzi qì.

Fúwùyuán: Hěn bàoqiàn, wǒ dàihuìr qǐng guìtái zài bāng nín dǎ ge zhé.

Kèrén: Zhè cái xiàng huà.

Fúwùyuán: Zhēnde hěn bàoqiàn, xīwàng nǐmen jiànliàng. Xièxie guānglín, qǐng màn zǒu.

☐☐	海鲜乌冬面	hǎixiānwūdōngmiàn	명사	해물우동(면)
☐☐	糖醋肉	tángcùròu	명사	탕수육처럼 새콤달콤한 소스를 얹은 고기요리
☐☐	慢	màn	형용사	느리다
☐☐	厨房	chúfáng	명사	주방. 부엌
☐☐	餐具	cānjù	명사	식기(食器)
☐☐	反映	fǎnyìng	명사동사	반영(하다, 시키다)
☐☐	并且	bìngqiě	접속사	또한. 그리고. 더욱이
☐☐	改进	gǎijìn	명사동사	(개선)하다.
☐☐	周到	zhōudào	형용사	주도하다. 꼼꼼하다. 빈틈없다
☐☐	待会儿	dāihuìr	부사	잠시후에
☐☐	见谅	jiànliàng	동사	양해를 하다. 용서를 하다

1 ⇒ **一**做好，我马上**就**送来。

‘一A就B’는 ‘A하자마자 B하다’의 의미로 A, B 서로 다른 동사의 동작이나 상황이 연이어 발생함을 나타낸다. 이 경우는 주어가 같을 수도 있고, 다를 수도 있다. 한편, ‘一A就B’는 ‘A하기만 하면 B 한다’의 의미로 해석될 수도 있는데 이때는 ‘동작이 어느 정도에 이르거나 어떤 결과를 얻었음’을 나타낸다.

❶ 你一回到家就给我打电话。

❷ 我一看到你就有气。

❸ 老师稍微一解释，我们就都明白了。

❹ 只要一讲就能讲上两个小时。

2 ⇒ 你们的餐具**没洗干净**，有点儿脏。

‘洗干净’은 동사 ‘洗’와 결과보어 ‘干净’이 결합된 형식으로 ‘깨끗이 빨다’의 의미이다. 대개 동사와 결과보어의 관계는 매우 밀접하여 그 사이에 어떤 기타 성분도 올 수 없다. 따라서 완료를 나타내는 동태조사 ‘了’도 보어 뒤에 위치하고, 목적어가 출현해도 ‘了’뒤에 위치한다. 한편, 이에 대한 부정은 ‘没(有)＋洗干净’, 의문은 ‘洗干净了吗’ ‘洗干净了没有’등으로 표현된다.

❶ 去年冬天我学会了滑雪。

❷ 昨晚我十点做完了作业。

❸ 老师叫错了我的名字。

❹ 老师的说明，有的学生听懂，有的学生听不懂。

3 ➡ 你们的餐具没洗干净，**有点儿脏**。

‘有一点儿’과 ‘一点儿’은 모두 ‘약간’ ‘조금’의 의미로 ‘정도가 심하지 않음’을 나타낸다. 그러나 용법과 형식에 차이가 있는데, ‘有一点儿’은 형용사 앞에 위치하는 반면 ‘一点儿’은 형용사 뒤에 위치한다. 의미상으로도 ‘有一点儿’은 ‘좋지 않은 느낌’을 나타낼 때 주로 쓰이고, 비교문이나 명령문에서는 ‘一点儿’이 사용된다.

❶ 这件衣服有一点儿大，我不想买了。

❷ 这个有一点儿贵，请便宜一点吧!

❸ 这件衣服比那件衣服好一点儿。

❹ 请你走慢点儿。

4 ➡ 我会跟厨房反映**并且**改进。

‘并且’는 ‘게다가, 더욱이’의 의미로 동사나 형용사, 부사, 구절을 병렬하며 점층 관계를 나타내는 접속사이다. ‘不但’(不仅)~并且(而且)…’ 등의 형식으로 더욱 강조된 점층 의미 복문을 구성할 수 있다.

❶ 房间里干净明亮并且温暖。

❷ 咱们应该并且必须提前实现这个计划。

❸ 他不但会说汉语，并且说得非常流利。

❹ 他不仅长得很帅，而且也很聪明。

5 → 这**才**像话。

‘才’는 ‘~하고 나서야’ ‘비로서’의 의미로 ‘어떤 조건이나 원인 아래에서만 어떤 결과가 있음‘을 나타내는 부사이다. 이 밖에 ‘才’는 시간을 나타내어 ‘상황의 시작이나 종결이 늦음’을 나타내기도 하고, ‘수량이 적음’을 나타내기도 한다.

① 要多学习，才能考上好大学。

② 经过这一次谈话，我才真正地了解他。

③ 你怎么现在才来？

④ 你们才15岁，怎么可以喝酒？

Memo

购物服务

쇼핑 서비스

01

您好！需要什么吗？

Nín hǎo! Xūyào shénme ma

안녕하세요! 무엇이 필요하십니까?

02

需要我为您做介绍吗？

Xūyào wǒ wèi nín zuò jièshào ma?

제가 소개해드려도 될까요?

03

您是自己用还是送人？

Nín shì zìjǐ yòng háishi sòng rén

본인이 쓰실 건가요 아니면 선물 하실 건가요?

04

好的，我拿给您看看。

Hǎo de, wǒ ná gěi nín kànkan

좋습니다, 당신께 보여드리겠습니다.

05

您可以在手上试一下。

Nín kěyǐ zài shǒushàng shì yíxià

당신 손에 한 번 사용해 보셔도 됩니다.

06

您闻闻它的味道。

Nín wénwen tā de wèidao

그 냄새를 한 번 맡아 보세요.

07

您要不要考虑多带一瓶？

Nín yàobuyào kǎolǜ duō dài yì píng

한 병 더 가지고 가실 건지 생각해 보시겠습니까?

08

我们现在全场打五折。

Wǒmen xiànzài quánchǎng dǎ wǔ zhé

저희는 현재 모든 곳에서 50% 세일을 하고 있습니다.

09

现在买正合适。

Xiànzài mǎi zhèng héshì

지금 구매하시기 딱 좋습니다.

10 买多能便宜一点儿。
Mǎi duō néng piányi yìdiǎnr
많이 구매하시면 좀 더 싸게 드릴 수 있습니다.

11 一分钱一分货。
Yì fēn qián yì fēn huò
싼 게 비지떡입니다.

12 我们都是真材实料，不掺假。
Wǒmen dōu shì zhēncái shíliào, bù chānjiǎ
우리는 모두 진짜재료만 사용하고, 가짜를 끼워 넣지 않습니다.

13 这款皮包是新到的。
Zhè kuǎn píbāo shì xīndào de
이 가방은 새로 들어온 것 입니다.

14 我马上去库房里拿。
Wǒ mǎshàng qù kùfáng li ná
제가 바로 창고에 가서 가져오겠습니다.

15 折合人民币大约是350元左右。
Zhéhé rénmínbì dàyuē shì 350 yuán zuǒyòu
인민폐로 환산하면 대략 350위안정도 됩니다.

16 我帮您包起来。
Wǒ bāng nín bāo qǐlai
좋습니다. 제가 포장해드리겠습니다.

17 好的，我帮您结账。
Hǎo de, wǒ bāng nín jiézhàng
좋습니다. 제가 계산을 도와 드리겠습니다.

18 请出示一下您的登机证。
Qǐng chūshì yíxià nín de dēngjīzhèng
당신의 비행기표를 보여주십시오.

19 请输入密码。
Qǐng shūrù mìmǎ
비밀번호를 입력해 주십시오.

20 请您拿着小票到柜台去办理退货。
Qǐng nín názhe xiǎopiào dào guìtái qù bànlǐ tuìhuò
영수증을 가지고 카운터에서 반품 하십시오.

Note

1

售货员：　您好！需要什么吗？

客人：　我想买一些保湿产品，你可以介绍一下吗?

售货员：　您是自己用还是送人？

客人：　我自己要用的。

售货员：　您的皮肤是干性的还是油性的？

客人：　我不太确定，我的T字区容易出油，但两颊冬天却很干。

售货员：　我知道了，您属于混合型肌肤。这款橄榄滋养霜专门针对混合型肌肤，您可以在手上试一下。您看，涂上去以后，很容易推开，保湿效果非常好。

1

Shòuhuòyuán:	Nín hǎo! Xūyào shénme ma?
Kèrén:	Wǒ xiǎng mǎi yìxiē bǎoshī chǎnpǐn, nǐ kěyǐ jièshào yíxià ma?
Shòuhuòyuán:	Nín shì zìjǐ yòng háishi sòng rén?
Kèrén:	Wǒ zìjǐ yào yòng de.
Shòuhuòyuán:	Nín de pífū shì gānxìng de háishi yóuxìng de?
Kèrén:	Wǒ bú tài quèdìng, wǒ de T zì qū róngyì chūyóu, dàn liǎng jiá dōngtiān què hěn gān.
Shòuhuòyuán:	Wǒ zhīdào le, nín shǔyú hùnhéxíng jīfū. Zhè kuǎn gǎnlǎn zīyǎngshuāng zhuānmén zhēnduì hùnhéxíng jīfū, nín kěyǐ zài shǒushang shì yíxià. Nín kàn, tú shàngqu yǐhòu, hěn róngyì tuīkāi, bǎoshī xiàoguǒ fēicháng hǎo.

客人：　　嗯，还不错。这个给我来六瓶。

售货员：　您还需要点别的吗？

客人：　　你们这里卖得最好的产品是什么？

售货员：　我们卖得最好的明星产品是蜗牛系列的。请这边看一下。这是韩国最流行的蜗牛面霜，我们常常卖到断货。您可以试一下。

2

客人：　　这是什么成分做的？

售货员：　这个含有很多维他命的成分。擦起来很清爽，不黏也不油腻。

客人：　　那我买一瓶试试。你们有没有美白的化妆品？

售货员：　有啊，我们有很多种美白产品，我介绍您这支杂志上推荐的美白霜。美白效果非常好。

客人：　　这个一支大概可以擦多久？

售货员：　如果每天都擦，大概一支可以擦一个月。您就带个六支，先擦个半年，这样比较容易看出效果。

客人：　　好，那就先来个五六支，我还要买一支这种口红。

Kèrén: Èng, hái búcuò. Zhège gěi wǒ lái liù píng.

Shòuhuòyuán: Nín hái xūyào diǎn biéde ma?

Kèrén: Nǐmen zhèli mài de zuì hǎo de chǎnpǐn shì shénme?

Shòuhuòyuán: Wǒmen mài de zuì hǎo de míngxīng chǎnpǐn shì wōniú xìliè de. Qǐng zhè biān kàn yíxià. Zhè shì hánguó zuì liúxíng de wōniú miànshuāng, wǒmen chángcháng mài dào duànhuò. Nín kěyǐ shì yíxià.

2

Kèrén: Zhè shì shénme chéngfèn zuò de?

Shòuhuòyuán: Zhège hányǒu hěn duō wéitāmìng de chéngfèn. Cāqǐlai hěn qīngshuǎng, bù nián yě bù yóunì.

Kèrén: Nà wǒ mǎi yì píng shìshi. Nǐmen yǒu méi yǒu měibái de huàzhuāngpǐn?

Shòuhuòyuán: Yǒu a, wǒmen yǒu hěn duō zhǒng měibái chǎnpǐn, wǒ jièshào nín zhè zhī zázhì shang tuījiàn de měibáishuāng. měibái xiàoguǒ fēicháng hǎo.

Kèrén: Zhège yì zhī dàgài kěyǐ cā duōjiǔ?

Shòuhuòyuán: Rúguǒ měitiān dōu cā, dàgài yì zhī kěyǐ cā yíge yuè. Nín jiù dài ge liù zhī, xiān cā ge bànnián, zhèyàng bǐjiào róngyì kànchū xiàoguǒ.

Kèrén: Hǎo, nà jiù xiān lái ge wǔ liù zhī, wǒ hái yào mǎi yì zhī zhè zhǒng kǒuhóng.

售货员： 我看看是几号的口红？ 哦，是35号的口红。很抱歉，
这个颜色现在没货了。我们现在部分商品有买一赠一
的活动，您要不要参考看看？

客人： 哪些商品买一赠一？

售货员： 就是特价花车上的这些，有手霜、眼霜、精华液。

客人： 每样给我拿两瓶吧。

售货员： 好的。我们的彩妆系列也很有名，您不买一些吗？

客人： 不用了，我不化妆。我只要买保养品。对了，可以帮
我礼品包装吗？

售货员： 可以的，哪几瓶需要包装呢？

客人： 除了这几瓶我自己用，其他的都要包装。

售货员： 都要单独包装吗？

客人： 这几瓶单独包装，这几瓶包在一起，请包漂亮一点儿。

售货员： 好的，没问题。

Shòuhuòyuán: Wǒ kànkan shì jǐ hào de kǒuhóng? Ó, shì 35 hào de kǒuhóng. Hěn bàoqiàn, zhège yánsè xiànzài méi huò le. Wǒmen xiànzài bùfèn shāngpǐn yǒu mǎi yī zèng yī de huódòng, nín yàobuyào cānkǎo kànkan?

Kèrén: Nǎxiē shāngpǐn mǎi yī zèng yī?

Shòuhuòyuán: Jiùshì tèjià huāchē shang de zhèxiē, yǒu shǒushuāng, yǎnshuāng, jīnghuáyè.

Kèrén: Měi yàng gěi wǒ ná liǎng píng ba.

Shòuhuòyuán: Hǎo de. Wǒmen de cǎizhuāng xìliè yě hěn yǒumíng, nín bù mǎi yìxiē ma?

Kèrén: Búyòng le, wǒ bú huàzhuāng. Wǒ zhǐyào mǎi bǎoyǎngpǐn. Duìle, kěyǐ bāng wǒ lǐpǐn bāozhuāng ma?

Shòuhuòyuán: Kěyǐ de, nǎ jǐ píng xūyào bāozhuāng ne?

Kèrén: Chúle zhè jǐ píng wǒ zìjǐ yòng, qítā de dōu yào bāozhuāng.

Shòuhuòyuán: Dōu yào dāndú bāozhuāng ma?

Kèrén: Zhè jǐ píng dāndú bāozhuāng, zhè jǐ píng bāo zài yìqǐ, qǐng bāo piàoliang yìdiǎnr.

Shòuhuòyuán: Hǎo de, méi wèntí.

客人：　　我买这么多，能打几折？

售货员：　对不起，我们现在没有打折活动。但是我们会送您一些试用品和旅行用组合。

客人：　　你们的产品有没有中文说明书？这么多瓶，我不知道怎么用。

售货员：　没问题，我帮您写上编号，您按照顺序使用就可以了。请到这边结账，您要刷卡还是付现金？对了，我们店里可以刷银联卡，刷银联卡的话可以打95折。

客人：　　那我刷银联卡好了。

售货员：　请输入密码。这是您的卡和收据，请收好。

客人：　　谢谢你。

售货员：　不客气，祝您购物愉快！

3

| Kèrén: | Wǒ mǎi zhème duō, néng dǎ jǐ zhé? |

Kèrén: Wǒ mǎi zhème duō, néng dǎ jǐ zhé?

Shòuhuòyuán: Duìbuqǐ, wǒmen xiànzài méiyǒu dǎzhé huódòng. Dànshì wǒmen huì sòng nín yìxiē shìyòngpǐn hé lǚxíng yòng zǔhé.

Kèrén: Nǐmen de chǎnpǐn yǒu méi yǒu zhōngwén shuōmíngshū? Zhème duō píng, wǒ bù zhīdào zěnme yòng.

Shòuhuòyuán: Méi wèntí, wǒ bāng nín xiěshàng biānhào, nín ànzhào shùnxù shǐyòng jiù kěyǐ le. Qǐng dào zhè biān jiézhàng, nín yào shuākǎ háishi fù xiànjīn? Duìle, wǒmen diànli kěyǐ shuā yínliánkǎ, shuā yínliánkǎ de huà kěyǐ dǎ 95 zhé.

Kèrén: Nà wǒ shuā yínliánkǎ hǎo le.

Shòuhuòyuán: Qǐng shūrù mìmǎ. Zhè shì nín de kǎ hé shōujù, qǐng shōu hǎo.

Kèrén: Xièxie nǐ.

Shòuhuòyuán: Bú kèqi, zhù nín gòuwù yúkuài!

☐☐	皮肤	pífū	명사	피부
☐☐	干性	gānxìng	명사	건성
☐☐	油性	yóuxìng	명사	지성
☐☐	款	kuǎn	명사	양식. 스타일. 디자인
☐☐	橄榄	gǎnlǎn	명사	올리브
☐☐	滋养霜	zīyǎngshuāng	명사	영양크림
☐☐	针对	zhēnduì	동사	겨누다. 대하다
☐☐	系列	xìliè	명사	계열. 시리즈(series)
☐☐	面霜	miànshuāng	명사	크림
☐☐	流行	liúxíng	명사|동사	유행(하다). 성행(하다)
☐☐	含有	hányǒu	동사	함유하다. 포함하고 있다
☐☐	维他命	wéitāmìng	명사	비타민
☐☐	擦	cā	동사	문지르다. 비비다
☐☐	口红	kǒuhóng	명사	립스틱(lipstick)
☐☐	特价花车	tèjiàhuāchē	명사	특가 판매대
☐☐	精华液	jīnghuáyè	명사	에센스
☐☐	彩妆系列	cǎizhuāng xìliè	명사	색조화장품(계열)
☐☐	保养	bǎoyǎng	동사	보양하다. 양생하다
☐☐	包装	bāozhuāng	명사|동사	포장(하다)
☐☐	说明书	shuōmíngshū	명사	설명서
☐☐	密码	mìmǎ	명사	암호. 비밀 번호

1

① **需要**什么吗? / ② 您还**需要**点别的吗?

①에서 '需要'는 '필요로 하다, 요구하다'의 의미로 기본 동사의 용법이다. 한편, ②에서의 '需要'는 '~해야 한다'의 의미로 조동사처럼 다른 동사나 형용사 분절을 목적어로 취할 수 있다. 이외에 명사로서 '필요, 수요'의 의미로도 쓰인다.

❶ 我需要一本中韩词典。

❷ 结婚需要什么证件?

❸ 去旅游需要准备什么东西?

❹ 人的基本需要是什么?

2

我的T字区容易出油, 但两颊冬天**却**很干。

'却'는 '도리어, 오히려'의 의미로 상반되는 상황에서의 전환을 나타내는 부사이다. '可是', '但是' 등과 함께 쓰이면 더욱 강한 전환을 나타낸다. '倒'도 전환을 나타내지만 '却'보다는 훨씬 구어적 표현이다. '却'는 이외에 '뜻밖에' '의외로'의 의미로 상황이 생각 밖에 발생했음을 나타내기도 한다.

❶ 他虽然没来过韩国, 可是却十分熟悉韩国的情况。

❷ 他虽然汉语说得不太流利, 却／倒说得挺感人。

❸ 这个道理大家都明白, 他却不知道。

❹ 快三十了, 却像个小孩儿。

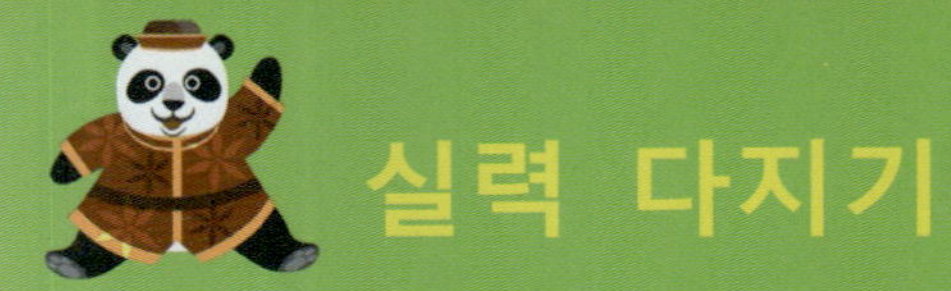

3 ➡ ⌒，这样比较容易看**出**效果。

일반적으로 '出'가 방향보어로 쓰일 때, 기본의는 '안→밖으로의 이동'을 나타 낸다. 이 외에도 많은 파생 의미를 갖고 있는데, 예문에서는 '숨은 상태→명확 한 상태의 발견, 식별'의 의미이다. 이외에 '무→유'의 의미를 나타내기도 한다.

❶ 从银行取出了一笔存款。

❷ 我听出了他的声音。

❸ 你能看出她喜不喜欢你。

❹ 我怎么也想不出一个好办法。

4 ➡ 好，那就先来**个**五六支。

예문과 같이 동사 뒤에서의 양사 '个'는 '부담 없이 가볍게 동작을 행함'의 의 미를 나타낸다. 대개 구어체에서 '동사＋个＋약수'의 문형이나 '동사술어＋个 ＋목적어'의 문형으로 많이 쓰인다.

❶ 哥儿俩才差个两、三岁。

❷ 欢迎你来我家住个两三天。

❸ 他喜欢画个画儿，写个字什么的。

❹ 有空的时候，我们一起见个面，吃个饭，喝个咖啡，聊个天儿。

5 → **除了**这几瓶我自己用，其他的**都**要包装。

‘除了A’는 ‘A 외에’의 의미를 나타내는데, 상황에 따라 ‘A외에 다른 것은 배제’한다는 의미와 ‘A외에 다른 것을 추가한다’는 의미를 모두 나타낼 수 있다. 전자처럼 ‘배제’일 경우는 위의 예문처럼 ‘都’, ‘全’, ‘不’, ‘没有’ 등과 호응하고, 후자처럼 ‘추가’의 경우는 ‘也’, ‘还’ 등과 호응하여 쓰인다.

❶ 除了这个包，其他的我都看不上眼。

❷ 除了你，没有人来过。

❸ 除了新闻以外，我还喜欢看连续剧。

❹ 这儿会说汉语的，除了他，小金也会。

A. 紫水晶专柜

店员： 小姐，要不要看看紫水晶？现在有特价哦。

客人： 有特价？打几折？

店员： 我们现在全场打5折。您可以看看，因为我们平常最多打8折。今天为了庆祝周年庆，全场打5折。

客人： 韩国的紫水晶有什么特别的吗？

店员： 韩国因为紫水晶矿产丰富，所以紫水晶价格比别的国家便宜。

A. 紫水晶专柜

Diànyuán:	Xiǎojiě, yàobuyào kànkan zǐshuǐjīng? Xiànzài yǒu tèjià ó.
Kèrén:	Yǒu tèjià? Dǎ jǐ zhé?
Diànyuán:	Wǒmen xiànzài quánchǎng dǎ 5 zhé. Nín kěyǐ kànkan, yīnwèi wǒmen píngcháng zuìduō dǎ 8 zhé. Jīntiān wèile qìngzhù zhōuniánqìng, quánchǎng dǎ 5 zhé.
Kèrén:	Hánguó de zǐshuǐjīng yǒu shénme tèbié de ma?
Diànyuán:	Hánguó yīnwèi zǐshuǐjīng kuàngchǎn fēngfù, suǒyǐ zǐshuǐjīng jiàgé bǐ biéde guójiā piányi.

客人：　那这条项链多少钱？

店员：　原价是55万韩币，打完折是22万5千元。就算您22万好了。

客人：　20万行吗？20万行的话，我就买。

店员：　好吧，那我就帮您包起来了。您今天买这条项练，买得真值！要不要再看副耳环？

客人：　不要了，谢谢。

B. 人参专柜

①

客人：　我要买一些人参，有什么产品可以推荐？

店员：　您是要自己吃还是送人？

客人：　我是要送人的。

店员：　如果要买很多送邻居、同事的话，可以买些价格低的人参糖、人参切片、人参羊羹或人参茶。如果是送亲戚好友或自己吃的话，就可以买人参粉、人参浓缩液、人参胶囊或整条的人参。

Kèrén: Nà zhè tiáo xiàngliàn duōshao qián?

Diànyuán: Yuánjià shì 55 wàn hánbì, dǎ wán zhé shì 22 wàn 5 qiān yuán. Jiùsuàn nín 22 wàn hǎo le.

Kèrén: 20 Wàn xíng ma? 20 Wàn xíng de huà, wǒ jiù mǎi.

Diànyuán: Hǎo ba, nà wǒ jiù bāng nín bāo qǐlaile. Nín jīntiān mǎi zhè tiáo xiàngliàn, mǎi de zhēn zhí! Yàobuyào zài kàn fù ěrhuán?

Kèrén: Bú yào le, xièxie.

B. 人参专柜

1

Kèrén: Wǒ yàomǎi yìxiē rénshēn, yǒu shénme chǎnpǐn kěyǐ tuījiàn?

Diànyuán: Nín shì yào zìjǐ chī háishì sòng rén?

Kèrén: Wǒ shì yào sòng rén de.

Diànyuán: Rúguǒ yào mǎi hěn duō sòng línjū, tóngshì de huà, kěyǐ mǎi xiē jiàgé dī de rénshēn táng, rénshēn qiēpiàn, rénshēn yánggēng huò rénshēn chá. Rúguǒ shì sòng qīnqi hǎoyǒu huò zìjǐ chī de huà, jiù kěyǐ mǎi rénshēn fěn, rénshēn nóngsuō yè, rénshēn jiāonáng huò zhěng tiáo de rénshēn.

客人：　人参浓缩液和人参胶囊有什么不一样？

店员：　成分是一样的，都是针对血液循环方面的疾病，例如高
血压、心脏病、糖尿病，只是胶囊吃起来会比较方便。

客人：　白参和红参有什么差别？

店员：　白参主要是4年参，剥皮后，日晒而成，多用于药材，
例如炖参鸡汤。红参是含皮，经过反复的热蒸干燥，
直到人参表面呈棕红色。红参在蒸熟过程中会增加人
参皂苷的种类和数量，吃了也比较容易吸收。

客人：　人参的价格怎么差那么多？

店员：　高丽参按照它的品相、质量分为"天"、"地"、"人"、
"良"、"切"五个等级。所以有的贵，有的便宜。

Kèrén: Rénshēn nóngsuō yè hé rénshēn jiāonáng yǒu shénme bù yíyàng?

Diànyuán: Chéngfèn shì yíyàng de, dōu shì zhēnduì xiěyè xúnhuán fāngmiàn de jíbìng, lìrú gāoxuèyā, xīnzàngbìng, tángniàobìng, zhǐshì jiāonáng chī qǐlai huì bǐjiào fāngbiàn.

Kèrén: Báishēn hé hóngshēn yǒu shénme chābié?

Diànyuán: Báishēn zhǔyào shi 4 nián shēn, bāo pí hòu, rì shài ér chéng, duō yòngyú yàocái, lìrú dùn shēnjītāng. Hóngshēn shì hán pí, jīngguò fǎnfù de rè zhēng gānzào, zhídào rénshēn biǎomiàn chéng zōnghóngsè. Hóngshēn zài zhēng shú guòchéng zhōng huì zēngjiā rénshēn zàogān de zhǒnglèi hé shùliàng, chī le yě bǐjiào róngyì xīshōu.

Kèrén: Rénshēn de jiàgé zěnme chà nàme duō?

Diànyuán: Gāolíshēn ànzhào tā de pǐnxiàng, zhìliàng fēn wéi "tiān", "dì", "rén", "liáng", "qiē" wǔ gè děngjí. Suǒyǐ yǒude guì, yǒude piányi.

2

客人：　　我觉得你们的产品比别的地方贵。

店员：　　一分钱一分货，我们都是真材实料，不掺假。

客人：　　那么请问一下，孕妇可以吃人参吗？

店员：　　怀孕满三个月可以开始吃，吃到满七个月就不要再吃，
以免把胎儿养太大。

客人：　　小孩也可以吃吗？小孩吃了有什么好处？

店员：　　小孩也可以吃，人参会帮助小孩成长，强壮骨骼，改善
敏感体质。大人一天的分量大概是2-3克，小孩减半，
婴幼儿满一岁以上才可以吃。

客人：　　癌症患者可以吃吗？

店员：　　人参可以补元气，但是正在做放疗和化疗的人，我们不
建议吃。通常做完放化疗后才可以吃。不过，最好还是
征求您主治大夫的同意。因为每个人的体质都有些不一样。

客人：　　那人参要怎么吃啊？

店员：　　人参可以加些红枣或枸杞子清炖，也可以做成参鸡汤。
怕人参的苦味就蘸点蜂蜜吃。网上有很多人参的吃法，
您可以上网参考参考。

2

Kèrén: Wǒ juéde nǐmen de chǎnpǐn bǐ biéde dìfang guì.

Diànyuán: Yì fēn qián yì fēn huò, wǒmen dōu shì zhēncái shíliào, bù chānjiǎ.

Kèrén: Nàme qǐngwèn yíxià, yùnfù kěyǐ chī rénshēn ma?

Diànyuán: Huáiyùn mǎn sān ge yuè kěyǐ kāishǐ chī, chīdào mǎn qī ge yuè jiù búyào zài chī, yǐmiǎn bǎ tāi'ér yǎng tài dà.

Kèrén: Xiǎohái yě kěyǐ chī ma? Xiǎohái chī le yǒu shénme hǎochù?

Diànyuán: Xiǎohái yě kěyǐ chī, rénshēn huì bāngzhù xiǎohái chéngzhǎng, qiángzhuàng gǔgé, gǎishàn mǐngǎn tǐzhì. Dàrén yìtiān de fènliàng dàgài shì 2-3 kè, xiǎohái jiǎnbàn, yīng yòu'ér mǎn yí suì yǐshàng cái kěyǐ chī.

Kèrén: Áizhèng huànzhě kěyǐ chī ma?

Diànyuán: Rénshēn kěyǐ bǔ yuánqì, dànshì zhèngzài zuò fàngliáo hé huàliáo de rén, wǒmen bú jiànyì chī. Tōngcháng zuò wán fànghuàliáo hòu cái kěyǐ chī. Búguò, zuìhǎo háishì zhēngqiú nín zhǔzhì dàifu de tóngyì. Yīnwèi měige rén de tǐzhi dōu yǒu xiē bù yíyàng.

Kèrén: Nà rénshēn yào zěnme chī a?

Diànyuán: Rénshēn kěyǐ jiā xiē hóngzǎo huò gǒuqǐzi qīngdùn, yě kěyǐ zuòchéng shēnjītāng. Pà rénshēn de kǔwèi jiù zhàn diǎn fēngmì chī. Wǎngshang yǒu hěnduō rénshēn de chīfǎ, nín kěyǐ shàngwǎng cānkǎo cānkǎo.

客人：　你这价格可以算便宜一点儿吗？

店员：　真不好意思，我们这里都是明码标价，电脑入账，所以不能划价。

C. 泡菜专柜

店员：　小姐，来趟韩国，带些正宗的韩国泡菜回去尝尝吧。

客人：　买泡菜上飞机不会有味道吗？放入行李箱会不会都是泡菜的味道？

店员：　不会的。我们会用保鲜膜帮您把泡菜裹很多层，味道不会跑出来，也不会漏。如果您还是担心的话，我们也有真空包装的泡菜，非常方便购买。

客人：　那你们有什么泡菜呢？

店员：　我们有辣白菜、葱泡菜、泡萝卜块儿、芥菜泡菜、苏子叶泡菜、小伙子泡菜（小罗卜泡菜）、水泡菜等等。

客人：　辣白菜怎么卖？

店员：　辣白菜一公斤，韩币15000元。您来多少？

Diànyuán: Nǐ zhè jiàgé kěyǐ suàn piányi yìdiǎnr ma?

Kèrén: Zhēn bùhǎoyìsi, wǒmen zhèli dōu shì míngmǎ biāojià, diànnǎo rùzhàng, suǒyǐ bùnéng huàjià.

C. 泡菜专柜

Diànyuán: Xiǎojiě, lái tàng Hánguó, dài xiē zhèngzōng de Hánguó pàocài huíqu chángchang ba.

Kèrén: Mǎi pàocài shàng fēijī bú huì yǒu wèidao ma? Fàngrù xíngli xiāng huìbuhuì dōu shì pàocài de wèidao?

Diànyuán: Bú huì de. Wǒmen huì yòng bǎoxiānmó bāng nín bǎ pàocài guǒ hěnduō céng, wèidao bú huì pǎo chūlai, yě bú huì lòu. Rúguǒ nín háishì dānxīn dehuà, wǒmen yěyǒu zhēnkōng bāozhuāng de pàocài, fēicháng fāngbiàn gòumǎi.

Kèrén: Nà nǐmen yǒu shénme pàocài ne?

Diànyuán: Wǒmen yǒu là báicài, cōng pàocài, pào luóbo kuàir, jiècài pàocài, sūzǐyè pàocài, xiǎohuǒzi pàocài (xiǎo luóbo pàocài), shuǐ pàocài děngděng.

Kèrén: Là báicài zěnme mài?

Diànyuán: Là báicài yì gōngjīn, hánbì 15000 yuán. Nín lái duōshao?

客人：　　　那来一公斤吧。葱泡菜呢？

店员：　　　一公斤12000元。

客人：　　　葱泡菜来半公斤就好了。

店员：　　　还要点别的吗？

客人：　　　再来两袋真空包装的水泡菜。那个辣白菜和葱泡菜得帮

　　　　　　我捆紧了，别漏了。

店员：　　　请放心，我们一定会帮您包得好好儿的。

Kèrén: Nà lái yì gōngjīn ba. Cōng pàocài ne?

Diànyuán: Yì gōngjīn 12000 yuán.

Kèrén: Cōng pàocài lái bàn gōngjīn jiù hǎo le.

Diànyuán: Hái yào diǎn biéde ma?

Kèrén: Zàilái liǎng dài zhēnkōng bāozhuāng de shuǐ pàocài. Nà ge là báicài hé cōng pàocài děi bāng wǒ kǔnjǐn le, bié lòu le.

Diànyuán: Qǐng fàngxīn, wǒmen yídìng huì bāng nín bāo de hǎohāor de.

☐☐	土特产	tǔtèchǎn	명사	지방 특산물. 토산품
☐☐	紫水晶	zǐshuǐjīng	명사	자수정
☐☐	专柜	zhuānguì	명사	전문 판매대
☐☐	便宜	piányi	명사	저렴하다. 싸다
☐☐	项链	xiàngliàn	명사	목걸이
☐☐	的话	dehuà	조사	…하다면. …이면
☐☐	耳环	ěrhuán	명사	귀걸이
☐☐	人参	rénshēn	명사	인삼
☐☐	糖	táng	명사	사탕
☐☐	切片	qiēpiàn	명사	절편
☐☐	羊羹	yánggēng	명사	양갱. 단팥묵
☐☐	浓缩液	nóngsuōyè	명사	농축액
☐☐	胶囊	jiāonáng	명사	캡슐(capsule)
☐☐	血液	xuèyè	명사	혈액
☐☐	心脏病	xīnzàngbìng	명사	심장병
☐☐	只是	zhǐshì	부사	다만. 오직. 오로지. 그런데. 그러나
☐☐	红参	hóngshēn	명사	홍삼
☐☐	参鸡汤	shēnjītāng	명사	삼계탕
☐☐	高丽参	gāolíshēn	명사	고려인삼
☐☐	品相	pǐnxiàng	명사	(물건의) 상태
☐☐	真材实料	zhēncáishíliào	명사	진짜 재료
☐☐	掺假	chānjiǎ	동사	(진짜에) 가짜를 섞다
☐☐	敏感	mǐngǎn	형용사	민감하다

□□	体质	tǐzhì	명사	체질. 체력
□□	正在	zhèngzài	부사	지금[한창] …하고 있다
□□	放疗	fàngliáo	명사	방사선 치료의 약칭
□□	化疗	huàliáo	명사	화학치료의 약칭
□□	红枣	hóngzǎo	명사	대추
□□	枸杞子	gǒuqǐzǐ	명사	구기자
□□	蜂蜜	fēngmì	명사	벌꿀
□□	明码标价	míngmǎbiāojià	명사	표시 가격. 정찰 가격
□□	划价	huàjià	동사	값을 깎다. 값을 흥정하다
□□	购买	gòumǎi	동사	사다. 구매[구입]하다
□□	白菜	báicài	명사	배추
□□	葱	cōng	명사	파
□□	萝卜	luóbo	명사	무
□□	芥菜	gàicài	명사	갓
□□	苏子叶	sūzǐyè	명사	깻잎
□□	水泡菜	shuǐpàocài	명사	물김치

실력 다지기

1 ➡ **要不要再看副耳环?**

양사 '副'는 '조' '쌍' '벌'의 의미로 대개 '조나 쌍을 이루는 물건'을 셀 때 사용된다. 이 밖에 '얼굴이나 표정'을 세는 양사로도 쓰이는데 이 때는 수사 '一'와만 호응한다.

❶ 一副手套多少钱?

❷ 这一副眼镜非常适合你。

❸ 一副耳机大概能用多久?

❹ 她总是露出一副笑脸。

2 ➡ **我觉得你们的产品比别的地方贵。**

예문과 같이 'A比B + 술어(형용사/동사구) + (수량보어)'는 가장 기본적인 비교문의 문형이다. 이 경우 술어는 부사 '还', '更' 등의 수식만 받을 수 있고, '很', '非常' 등의 수식은 받을 수 없다.

❶ 上海的冬天比北京暖和。

❷ 我比他大三岁。

❸ 今天比昨天更热。

❹ 妹妹比我还高。

3 → 怀孕满三个月可以开始吃，吃到满七个月就不要再吃，**以免**把胎儿养太大。

‘以免’은 ‘－ 하지 않도록’ ‘－ 하지 않기 위하여’의 의미를 나타내는 접속사로 주로 뒷 절의 첫머리에 쓰여 목적관계 복문을 형성한다. ‘省得’, ‘免得’ 등과도 같은 의미인데 이들은 주로 구어적인 표현에 쓰이고, ‘以免’은 주로 서면어에 사용된다.

❶ 开车注意安全，以免发生危险。

❷ 问清地址，以免走错路。

❸ 把水龙头开小一点儿，省得浪费。

❹ 你最好提醒他一下，免得他忘了。

4 → 您可以上网**参考参考**。

예문처럼 동사는 중첩하여 사용할 수 있는데 이 경우 가벼운 동작이나 행위, 시도나 테스트 등을 나타낸다. 일음절 동사 ‘A’는 ‘AA’의 형태로, 이음절 동사 ‘AB’는 ‘ABAB’ 형태로 중첩한다.

❶ 您尝尝这个菜!

❷ 你看看我的照片。

❸ 我们再研究研究吧。

❹ 咱们休息休息吧。

5 ⇒ **再**来两袋真空包装的水泡菜。

‘再’는 여러 가지 의미를 가진 부사인데, 예문에서는 ‘그밖에, 또’의 의미인 ‘추가, 확대’를 나타낸다. 이 외에 ‘행위의 반복이나 지속’을 나타내기도 하고, ‘순서’를 나타내어 대개 ‘(先)~再…’의 형태로 ‘먼저 ─ 하고 그리고 나서 ─ 한다’의 의미로 쓰이기도 하고, 형용사 앞에서 ‘더’의 의미로 정도가 심화됨을 나타내기도 한다.

❶ 再来两瓶啤酒。

❷ 请你再说一遍。

❸ 再便宜一点儿，我就买。

❹ 我先喝水，然后再吃饭。

Memo

A. 烟酒专柜

售货员：　需要我为您做介绍吗？

客人：　　我自己先看看。

售货员：　好的，需要我帮忙时，请告诉我。

客人：　　一个人可以带几条烟？几瓶酒？

售货员：　您要去哪个国家？每个国家的规定都不一样。

客人：　　我要回去中国。

售货员：　进中国的话，一个人可以带两条烟和两瓶酒。

A. 烟酒专柜

Shòuhuòyuán:	Xūyào wǒ wèi nín zuò jièshào ma?
Kèrén:	Wǒ zìjǐ xiān kànkan.
Shòuhuòyuán:	Hǎo de, xūyào wǒ bāngmáng shí, qǐng gàosu wǒ.
Kèrén:	Yíge rén kěyǐ dài jǐ tiáo yān? Jǐ píng jiǔ?
Shòuhuòyuán:	Nín yào qù nǎge guójiā? Měi ge guójiā de guīdìng dōu bù yíyàng.
Kèrén:	Wǒ yào huíqu Zhōngguó.
Shòuhuòyuán:	Jìn Zhōngguó dehuà, yí ge rén kěyǐ dài liǎng tiáo yān hé liǎng píng jiǔ.

客人： 　小孩也可以算一个人吗？

售货员： 小孩不可以购买烟酒，所以不能算一个人头。

客人： 　那给我一瓶"约翰走路"。

售货员： 现在买两瓶，可以送一个登机箱，您要不要考虑多带一瓶？

客人： 　不了，就要一瓶。

售货员： 您还需要别的吗？ 现在消费满200美金可以打85折。

客人： 　那就给我一条万宝路，一条三五的香烟。

售货员： 好的，我帮您结账。请出示一下您的登机卡。

B. 香水专柜

售货员： 小姐，您好！要不要参考我们这瓶新上市的香水？

客人： 　它是花香的还是果香的？

售货员： 这是果香的。您闻闻它的味道。感觉很香甜，非常受年轻女孩的欢迎。

客人： 　我比较喜欢花香型的。

Kèrén: Xiǎohái yě kěyǐ suàn yíge rén ma?

Shòuhuòyuán: Xiǎohái bù kěyǐ gòumǎi yān jiǔ, suǒyǐ bùnéng suàn yíge réntóu.

Kèrén: Nà gěi wǒ yì píng "yuēhàn zǒulù".

Shòuhuòyuán: Xiànzài mǎi liǎng píng, kěyǐ sòng yíge dēngjīxiāng, nín yàobuyào kǎolǜ duō dài yì píng?

Kèrén: Bùle, jiù yào yì píng.

Shòuhuòyuán: Nín hái xūyào biéde ma? Xiànzài xiāofèi mǎn 200 měijīn kěyǐ dǎ 85 zhé.

Kèrén: Nà jiù gěi wǒ yìtiáo wànbǎolù, yìtiáo sānwǔ de xiāngyān.

Shòuhuòyuán: Hǎo de, wǒ bāng nín jiézhàng. Qǐng chūshì yíxià nín de dēngjīkǎ.

B. 香水专柜

Shòuhuòyuán: Xiǎojiě, nín hǎo! Yàobuyào cānkǎo wǒmen zhè píng xīn shàngshì de xiāngshuǐ?

Kèrén: Tā shì huāxiāng de háishi guǒxiāng de?

Shòuhuòyuán: Zhè shì guǒxiāng de. Nín wénwen tā de wèidao. Gǎnjué hěn xiāngtián, fēicháng shòu niánqīng nǚhái de huānyíng.

Kèrén: Wǒ bǐjiào xǐhuan huāxiāng xíng de.

售货员： 是吗？那我推荐您这瓶香水。您闻闻看。它的味道闻起来很清淡高雅，适合职业妇女。

客人： 这个瓶子好漂亮，这是什么味儿？

售货员： 这是比较浓郁的香水，适合晚上使用。您闻一闻。这款香水主要的成分是茉莉香精。

客人： 多少钱一瓶？

售货员： 一瓶55美元。折合人民币大约是350元左右。

这瓶香水在中国市价是600元左右。您可以节省250元。

客人： 你们的香水最近有什么促销吗？

售货员： 没有，我们很少有促销活动。

Shòuhuòyuán: Shì ma? Nà wǒ tuījiàn nín zhè píng xiāngshuǐ. Nín wénwen kàn. Tā de wèidao wén qǐlai hěn qīngdàn gāoyǎ, shìhé zhíyè fùnǚ.

Kèrén: Zhège píngzi hǎo piàoliang, zhè shì shénme wèir?

Shòuhuòyuán: Zhè shì bǐjiào nóngyù de xiāngshuǐ, shìhé wǎnshàng shǐyòng. Nín wényiwén. Zhè kuǎn xiāngshuǐ zhǔyào de chéngfèn shì mòlì xiāngjīng.

Kèrén: Duōshao qián yì píng?

Shòuhuòyuán: Yì píng 55 měiyuán. Zhéhé rénmínbì dàyuē shì 350 yuán zuǒyòu. Zhè píng xiāngshuǐ zài zhōngguó shìjià shì 600 yuán zuǒyòu. Nín kěyǐ jiéshěng 250 yuán.

Kèrén: Nǐmen de xiāngshuǐ zuìjìn yǒu shénme cùxiāo ma?

Shòuhuòyuán: Méiyǒu, wǒmen hěn shǎo yǒu cùxiāo huódòng.

售货员： 欢迎光临！请问要看什么样的包儿？

客人： 我想看个手提包。

售货员： 这款皮包是新到的。是日本王妃最喜欢的款式。

客人： 拿我看看。

售货员： 小巧精致，很符合您的气质。

客人： 是很漂亮，不过我想买个实用的。这个太小了，装不了
多少东西。

售货员： 那您看看这个包儿，它的容量很大。里面还有很多小口袋，
不仅可以手提，还可以肩背，非常实用。您试背一下。

Shòuhuòyuán: Huānyíng guānglín! Qǐngwèn yào kàn shénme yàng de bāor?

Kèrén: Wǒ xiǎng kàn ge shǒutí bāo.

Shòuhuòyuán: Zhè kuǎn píbāo shì xīndào de. Shì rìběn wángfēi zuì xǐhuan de kuǎnshì.

Kèrén: Ná wǒ kànkan.

Shòuhuòyuán: Xiǎoqiǎo jīngzhì, hěn fúhé nín de qìzhì.

Kèrén: Shì hěn piàoliang, búguò wǒ xiǎng mǎi ge shíyòng de. Zhège tài xiǎo le, zhuāng bu liǎo duōshao dōngxi.

Shòuhuòyuán: Nà nín kànkan zhège bāor, tā de róngliàng hěn dà. Lǐmiàn háiyǒu hěn duō xiǎo kǒudài, bùjǐn kěyǐ shǒutí, hái kěyǐ jiān bēi, fēicháng shíyòng. Nín shì bēi yíxià.

客人： 这个包是什么皮做的？

售货员： 牛皮做的。

客人： 有没有别的颜色？

售货员： 除了黑色，我们还有咖啡色和米色。

客人： 给我看一下米色的。

售货员： 好的，请稍等，我马上去库房里拿。

让您久等了，请您看看。

客人： 这种米色，太浅了，不耐脏。看来看去，还是黑色的好看。

售货员： 是啊，黑色的既耐脏，又耐看。黑色给人的感觉就是高贵大方。您看，这个包儿做得很结实，质量非常好。买一个就可以用好几年呢。

客人： 好吧，就买这个吧。

Kèrén:　　　　Zhège bāo shì shénme pí zuò de?

Shòuhuòyuán:　Niúpí zuò de.

Kèrén:　　　　Yǒu méiyǒu biéde yánsè?

Shòuhuòyuán:　Chúle hēisè, wǒmen háiyǒu kāfēisè hé mǐsè.

Kèrén:　　　　Gěi wǒ kàn yíxià mǐsè de.

Shòuhuòyuán:　Hǎo de, qǐng shāo děng, wǒ mǎshàng qù kùfáng lǐ ná. Ràng nín jiǔděng le, qǐng nín kànkan.

Kèrén:　　　　Zhè zhǒng mǐsè, tài qiǎn le, bú nài zāng. Kàn lái kàn qù, háishì hēisè de hǎokàn.

Shòuhuòyuán:　Shì a, hēisè de jì nàizāng, yòu nàikàn. Hēisè gěi rén de gǎnjué jiùshì gāoguì dàfāng. Nín kàn, zhège bāor zuò de hěn jiēshi, zhìliàng fēicháng hǎo. Mǎi yíge jiù kěyǐ yòng hǎo jǐ nián ne.

Kèrén:　　　　Hǎo ba, jiù mǎi zhège ba.

☐☐	免税	miǎnshuì	동사	면세하다[되다]
☐☐	考虑	kǎolǜ	명사·동사	고려(하다)
☐☐	消费	xiāofèi	명사·동사	소비(하다)
☐☐	香烟	xiāngyān	명사	향불 연기. 담배
☐☐	闻闻	wénwen	동사	(냄새 등을) 맡다
☐☐	适合	shìhé	동사	적합[부합]하다. 알맞다. 적절하다
☐☐	味儿	wèir	명사	맛. 냄새
☐☐	大约	dàyuē	부사	대략. 대강. 아마. 대개는
☐☐	促销	cùxiāo	동사	판매를 촉진시키다. 판촉하다
☐☐	名牌	míngpái	명사	유명 상표
☐☐	皮包	píbāo	명사	가죽 가방
☐☐	款式	kuǎnshì	명사	스타일. 타입. 양식. 격식
☐☐	精致	jīngzhì	형용사	세밀하다. 정교하다
☐☐	实用	shíyòng	명사·형용사	실용(적이다)
☐☐	装	zhuāng	동사	(물품을) 담다
☐☐	不仅	bùjǐn	접속사	…일 뿐만 아니라. …만은 아니다
☐☐	牛皮	niúpí	명사	쇠가죽
☐☐	库房	kùfáng	명사	곳간. 창고
☐☐	既	jì	접속사	…할 뿐만 아니라. …뿐더러 ('又', '且', '也' 등과 호응)
☐☐	耐看	nàikàn	형용사	아무리 보아도 싫증이 나지 않다
☐☐	结实	jiēshi	형용사	견실하다. 확고하다

1 → 那**给**我一瓶'约翰走路'。

일부의 타동사는 두 개의 목적어를 동반할 수 있는데, 이와 같은 문장을 '이중 목적어문'이라고 한다. 이 경우 앞의 목적어는 간접목적어로 사람을 가리키는 명사나 대명사이고, 뒤의 목적어는 직접목적어로 사물을 가리키는 명사나 구이다. 이와 같은 구문을 쓸 수 있는 동사로는 '问', '教', '借', '还', '给', '送(给)', '告诉', '通知' 등이 있다.

❶ 李老师教他们口语。

❷ 我问老师问题。

❸ 老师送我一本世界地图。

❹ 我要告诉大家一个好消息。

2 → ① 不了，**就**要一瓶。 / ② 那**就**给我一条万宝路～。 /
③ 黑色给人的感觉**就**是高贵大方。

'就'는 다양한 용법과 의미를 나타내는 부사 중 하나이다. ①의 '就'는 '只'와 같이 '오직, 단지' 의미를 나타내고, ②의 경우는 '어떤 조건에서는 자연히 그렇게 된다'의 의미로 앞 내용과 연결하는 역할을 하여 '那就'는 '그러면'으로 해석한다. 한편, ③의 '就'는 '바로 (－이다)'의 의미로 '사실이 그러함을 강조'하는 역할을 한다. 이 외에 '곧, 즉시'의 의미로 '시간이 짧은 시간 내에 발생함'을 나타내는 용법도 있다.

❶ 他就给了我一本书。

❷ 如果他去，我就不去了。

❸ 这个就是我们大学。

❹ 你等一会儿，我马上就回来。

3 ➡ 您**闻闻看**。／我**拿拿看**。

이때 '看'은 동사 중첩이나 동량이나 시량보어를 동반한 동사의 뒤에서 '시험 삼아 해봄'의 의미를 나타내는 조사이다.

❶ 您站起来走走看，这双鞋会不会太小？

❷ 您吃吃看，这是我们新产品。

❸ 你不信就自己试试看。

❹ 到西湖旅游，可以喝喝看那里有名的龙井茶。

4 ➡ **看来看去**，还是黑色的好看。

예문과 같이 '동사＋来＋동사＋去'는 '어떤 동작이 여러 차례 중복되거나 연속적'임을 나타내는 문형이다.

❶ 你别在这里走来走去，我看了很烦。

❷ 他研究来研究去，终于成功了。

❸ 买来买去，这个月的薪水都花光了。

❹ 公园里好多小朋友在跑来跑去。

5 ⇒ 黑色的**既**耐脏，**又**耐看。

'既 ～又…'는 '～하기도 하고 …하기도 한다'라는 의미의 병렬 관계를 나타내는 구문으로 주어가 동시에 두 가지 성질 혹은 두 가지 상황을 갖고 있음을 말한다. '又～又…'도 마찬가지이다.

① 我在中国，既要努力学习，又要注意身体。

② 我对你既敬佩又羡慕。

③ 我现在又累又饿，实在走不动了。

④ 脸上的痘痘又红又痒怎么办?

A. 询价

店员： 欢迎光临。

客人： 吊在上面那件粉红色衬衫怎么卖？

店员： 5万8。

客人： 有别的颜色吗？

店员： 有，有白的、蓝的还有黄的。

A. 询价

Diànyuán: Huānyíng guānglín.

Kèrén: Diào zài shàngmiàn nà jiàn fěnhóngsè chènshān zěnme mài?

Diànyuán: 5 Wàn 8.

Kèrén: Yǒu biéde yánsè ma?

Diànyuán: Yǒu, yǒu báide, lánde hái yǒu huángde.

客人： 给我看一下好吗？

店员： 好的，我拿给您看看。

客人： 这种面料穿起来会不会很热啊？

店员： 不会的，这种面料很透气。

客人： 下水的话会不会缩水、退色？

店员： 这件衣服只能干洗，不能水洗。

客人： 嗯，都很好看，不知道要买哪一件。

店员： 您可以多带几件，这件衣服原价是11万，因为换季打折

才卖5万8，现在买正合适。

客人： 买多能再便宜点儿吗？

店员： 对不起，我们店里的东西都是"不二价"，不能讲价，

而且这已经是打折品了。

客人： 那我拿两件黄的和一件白的。

店员： 好的，我帮您包起来。

Kèrén:	Gěi wǒ kàn yíxià hǎo ma?
Diànyuán:	Hǎo de, wǒ ná gěi nín kànkan.
Kèrén:	Zhè zhǒng miànliào chuān qǐlai huìbuhuì hěn rè a?
Diànyuán:	Búhuì de, zhè zhǒng miànliào hěn tòuqì.
Kèrén:	Xiàshuǐ dehuà huìbuhuì suōshuǐ, tuìsè?
Diànyuán:	Zhè jiàn yīfu zhǐ néng gānxǐ, bùnéng shuǐxǐ.
Kèrén:	Èng, dōu hěn hǎokàn, bù zhīdào yàomǎi nǎ yí jiàn.
Diànyuán:	Nín kěyǐ duō dài jǐ jiàn, zhè jiàn yīfu yuánjià shì 11 wàn, yīnwèi huànjì dǎzhé cái mài 5 wàn 8, xiànzài mǎi zhèng héshì.
Kèrén:	Mǎi duō néng zài piányi diǎnr ma?
Diànyuán:	Duìbuqǐ, wǒmen diànlǐ de dōngxi dōu shì "bú èr jià", bùnéng jiǎngjià. Érqiě zhè yǐjīng shì dǎzhépǐn le.
Kèrén:	Nà wǒ ná liǎng jiàn huáng de hé yí jiàn bái de.
Diànyuán:	Hǎo de, wǒ bāng nín bāo qǐlai.

店员：　这是您的女儿吗？长得真可爱！

客人：　是吗？谢谢！

店员：　太太，您看起来很年轻，皮肤又很白，可以试试这个颜色的衣服，这种颜色很适合您。

客人：　我不喜欢这种款式的。

店员：　是吗？那么韩国今年流行这种长的牛仔裤，您可以多买几条回去，自己穿或送人都很合适。

客人：　怎么卖？

店员：　一条5万元韩币。

B. 讨价还价

Diànyuán: Zhè shì nín de nǚ'ér ma? Zhǎng de zhēn kě'ài!

Kèrén: Shì ma? Xièxie!

Diànyuán: Tàitai, nín kàn qǐlai hěn niánqīng, pífū yòu hěn bái, kěyǐ shìshi zhège yánsè de yīfu, zhè zhǒng yánsè hěn shìhé nín.

Kèrén: Wǒ bù xǐhuan zhè zhǒng kuǎnshì de.

Diànyuán: Shì ma? Nàme hánguó jīnnián liúxíng zhè zhǒng cháng de niúzǎikù, nín kěyǐ duō mǎi jǐ tiáo huíqù, zìjǐ chuān huò sòng rén dōu hěn héshì.

Kèrén: Zěnme mài?

Diànyuán: Yìtiáo 5 wàn yuán hánbì.

客人：　太贵了，一条最低多少？

店员：　您要买几条呢？买多能便宜一点儿。

客人：　我买五条，一条算3万，行吗？

店员：　3万？我们上货都上不来呢！如果您真有心要的话，

　　　　我们实打实的，最低一条算您4万。

客人：　还是太贵，一条3万5好了，如果行，我就买，不行，

　　　　我就走。

店员：　您是付现金还是刷卡?如果是付现就可以算您3万5。

C. 试穿

客人：　我可以试试这几件衣服吗？

店员：　除了这件套头的，其他的都可以试。

客人：　为什么这件不让试？

店员：　因为套头的很容易弄脏，弄脏了我们就没法卖了。所以

　　　　真对不起。

客人：　没事儿。那试衣间在哪儿？

店员：　试衣间就在那边。

Kèrén:	Tài guì le, yìtiáo zuìdī duōshao?
Diànyuán:	Nín yāomǎi jǐ tiáo ne? Mǎi duō néng piányi yìdiǎnr.
Kèrén:	Wǒ mǎi wǔtiáo, yì tiáo suàn 3 wàn, xíng ma?
Diànyuán:	3 Wàn? Wǒmen shànghuò dōu shàng bù lái ne! Rúguǒ nín zhēn yǒuxīn yào dehuà, wǒmen shídǎshí de, zuìdī yì tiáo suàn nín 4 wàn.
Kèrén:	Háishì tài guì, yī tiáo 3 wàn 5 hǎo le, rúguǒ xíng, wǒ jiù mǎi, bùxíng, wǒ jiù zǒu.
Diànyuán:	Nín shì fù xiànjīn háishi shuākǎ? Rúguǒ shì fù xiànjīn kěyǐ suàn nín 3 wàn 5.

C. 试穿

Kèrén:	Wǒ kěyǐ shìshi zhè jǐ jiàn yīfu ma?
Diànyuán:	Chúle zhè jiàn tàotóu de, qítā de dōu kěyǐ shì.
Kèrén:	Wèishénme zhè jiàn bú ràng shì?
Diànyuán:	Yīnwèi tàotóu de hěn róngyì nòng zāng, nòng zāng le wǒmen jiù méi fǎ mài le. Suǒyǐ zhēn duìbuqǐ.
Kèrén:	Méishìr. Nà shìyījiān zài nǎr?
Diànyuán:	Shìyījiān jiù zài nà biān.

客人： 镜子在哪儿？

店员： 镜子在这儿。

客人： 这件衣服穿起来有点儿大。

店员： 这种衣服的设计就是要让您穿起来宽松舒适。

客人： 我还是觉得有点儿大，有没有小一点的？

店员： 这件衣服就一个号。您再试试别件。

客人： 这件衣服看起来有点露。

店员： 不会露，这件衣服是仿香奈儿的。您穿这衣服显得很洋气。

客人： 我再试试那件红的。这件红的有点小，有没有肥一点儿的？

Kèrén: Jìngzi zài nǎr?

Diànyuán: Jìngzi zài zhèr.

Kèrén: Zhè jiàn yīfu chuān qǐlai yǒudiǎnr dà.

Diànyuán: Zhè zhǒng yīfu de shèjì jiùshì yào ràng nín chuān qǐlai kuānsōng shūshì.

Kèrén: Wǒ háishì juéde yǒudiǎnr dà, yǒuméiyǒu xiǎo yìdiǎn de?

Diànyuán: Zhè jiàn yīfu jiù yíge hào. Nín zài shìshi bié jiàn.

Kèrén: Zhè jiàn yīfu kànqǐlai yǒudiǎn lòu.

Diànyuán: Búhuì lòu, zhè jiàn yīfu shì fǎng Xiāngnàir de. Nín chuān zhè yīfu xiǎnde hěn yángqì.

Kèrén: Wǒ zài shìshi nà jiàn hóngde. Zhè jiàn hóngde yǒudiǎn xiǎo, yǒuméiyǒu féi yìdiǎnr de?

店员： 您现在穿的就是叉L的。(XL)

客人： 有没有两个叉的？(XXL)

店员： 很抱歉，我们最大的只到叉L(XL)。

客人： 好吧，就这件吧。

店员： 因为这个是特价品，所以不可以退换，请先看好了再买。

客人： 那我仔细检查检查。

D. 退换货

1

客人： 先生，昨天我跟你们买了一双鞋子，回家一套，还是觉得有点儿夹脚。

店员： 您是要退还是要换？

客人： 我想退。

店员： 您带小票来了吗？

客人： 有，在这儿。

店员： 好的，请您拿着小票到柜台去办理退货。

Diànyuán: Nín xiànzài chuān de jiùshì chā L de. (XL)

Kèrén: Yǒuméiyǒu liǎng ge chā de? (XXL)

Diànyuán: Hěn bàoqiàn, wǒmen zuìdà de zhǐ dào chā L(XL).

Kèrén: Hǎo ba, jiù zhè jiàn ba.

Diànyuán: Yīnwèi zhège shì tèjià pǐn, suǒyǐ bù kěyǐ tuìhuàn, qǐng xiān kànhǎo le zài mǎi.

Kèrén: Nà wǒ zǐxì jiǎnchá jiǎnchá.

D. 退换货

1

Kèrén: Xiānsheng, zuótiān wǒ gēn nǐmen mǎi le yì shuāng xiézi, huí jiā yí tào, háishì juéde yǒudiǎnr jiājiǎo.

Diànyuán: Nín shì yào tuì háishi yào huàn?

Kèrén: Wǒ xiǎng tuì.

Diànyuán: Nín dài xiǎopiào lái le ma?

Kèrén: Yǒu, zài zhèr.

Diànyuán: Hǎo de, qǐng nín názhe xiǎopiào dào guìtái qù bànlǐ tuìhuò.

客人：	小姐，我刚才在你们这里买了一件衣服想换。
店员：	您是要换尺码还是换颜色？
客人：	我想换别件衣服。
店员：	你想换哪一件呢？
客人：	我想换成那件红的。
店员：	好的，这件比较贵，您需要补差价。
客人：	补多少啊？
店员：	1万5。

2

Kèrén:	Xiǎojiě, wǒ gāngcái zài nǐmen zhèli mǎi le yí jiàn yīfu xiǎng huàn.
Diànyuán:	Nín shì yào huàn chǐmǎ háishi huàn yánsè?
Kèrén:	Wǒ xiǎng huàn bié jiàn yīfu.
Diànyuán:	Nǐ xiǎng huàn nǎ yí jiàn ne?
Kèrén:	Wǒ xiǎng huàn chéng nà jiàn hóngde.
Diànyuán:	Hǎo de, zhè jiàn bǐjiào guì, nín xūyào bǔ chājià.
Kèrén:	Bǔ duōshao a?
Diànyuán:	1 Wàn 5.

☐☐ 服饰	fúshì	명사	의복과 장신구
☐☐ 询价	xúnjià	명사	가격 문의 [조회]
☐☐ 衬衫	chènshān	명사	와이셔츠. 셔츠. 블라우스
☐☐ 面料	miànliào	명사	면직 재료. 직물. 옷감. 원단
☐☐ 透气	tòuqì	동사	공기가 통하다. 공기를 통하게 하다
☐☐ 缩水	suōshuǐ	동사	(섬유 등을) 물에 담가 줄이다. 오그라들다
☐☐ 不二价	bùèrjià	명사	정찰 가격
☐☐ 讲价	jiǎngjià	동사	값을 흥정하다
☐☐ 讨价	tǎojià	명사 | 동사	값을 부르다
☐☐ 牛仔裤	niúzǎikù	명사	청바지
☐☐ 套头	tàotóu	명사	목 티
☐☐ 试衣间	shìyījiān	명사	탈의실
☐☐ 设计	shèjì	명사	설계. 디자인
☐☐ 退换	tuìhuàn	동사	교환하다. 환불하다
☐☐ 鞋子	xiézi	명사	신발
☐☐ 尺码	chǐmǎ	명사	(주로 신발·모자 등의) 길이. 치수. 사이즈(size)
☐☐ 差价	chājià	명사	(동일 상품의) 가격 차이

1

① 这种颜色很**适合**你。/ ② ﹀，自己穿或送人都很**合适**。

①의 '适合'는 '알맞다. 적합하다'의 의미로 어떤 조건이나 요구에 부합함을 나타내는데, 뒤에 목적어를 취할 수 있는 타동사이다. 반면, ②의 '合适'는 의미는 비슷하나 형용사이므로 목적어를 취할 수 없다.

❶ 这本词典很适合外国留学生学习。

❷ 这种土壤很适合苹果生长。

❸ 周末去老师家，不太合适吧。

❹ 把电冰箱摆在客厅里不太合适。

2

因为套头的很容易**弄**脏，弄脏了我们就没法卖了。

'弄'은 여러 가지의 의미를 나타내는 동사이다. 예문에서는 '(어떤 일을) 하다, 행하다'의 의미로 상황에 따른 동사를 대신한다. 이 외에 '(손으로) 가지고 놀다' '장만하다'의 의미로 각각 쓰일 수 있다.

❶ 其实，这也正是我想弄明白的。

❷ 我在学校里把别人的东西弄坏了，怎么办?

❸ 弄得到处都是水。

❹ 你给我弄两张票吧。

3 ➡ 昨天我跟你们买了一双鞋子，回家一套，还是觉得有点儿夹脚。

'一'은 동사 앞에서 쓰여 순간적이거나 갑자기 발생한 동작 후의 어떤 결과가 생김을 나타낸다.

❶ 她往台上一站，全部的人都看着她。

❷ 医生一检查，果然是肺炎。

❸ 他脚一滑，就跌断了腿。

❹ 他回头一看，小狗竟然不见了。

4 ➡ 您带小票来了吗?

'가져오다' '带来'는 동사 '带'에 방향보어 '来'가 결합된 형태인데, 방향보어 구문에서 목적어가 등장할 경우 그 종류에 따라 어순에 주의해야 한다. '장소'를 나타내는 목적어인 경우는 반드시 '来'나 '去'앞에 위치해야하지만 위의 예문 '小票'같은 사물을 나타내는 목적어는 '来'나 '去'앞이나 뒤에 모두 올 수 있다.

❶ 他回宿舍去了。

❷ 你快进屋里来吧。

❸ 拿出你的照片来，给大家看看。 ／ 拿出来你的照片，给大家看看。

❹ 妈妈买来了一个生日蛋糕。 ／ 妈妈买了一个生日蛋糕来。

5 ➡ 我想换**成**那件红的。

동사 '成'이 다른 동사의 결과보어로 쓰이면 ' — 로 변하다, — 로 되다'라는 의미를 나타낸다. 이 경우 반드시 목적어를 동반해야하고 가능보어의 형식으로는 사용할 수 없다.

❶ 这个故事我打算写成一个剧本。

❷ 你把这个句子翻译成中文吧。

❸ 她的体型好，可以培养成一个运动选手。

❹ 怎么把自己的照片弄成卡通的形象啊?

Memo

본문번역
부록

第一单元 机场服务
공항 서비스

1-1 接机 ▎공항 영접

여행 인솔자: AB 여행사에서 나오신 분이신가요?

가이드: 네 맞습니다. 당신은 천진여행팀 장란 여사님이신가요?

여행 인솔자: 네 맞습니다.

가이드: 한국에 오신 것을 환영합니다. 오시는 길은 평안하셨습니까?

여행 인솔자: 비교적 순조로웠습니다. 단지, 방금 여행팀원 중 한사람이 세관직원으로부터 가방검사를 받게 되어 시간이 좀 지체되었습니다.

가이드: 무슨 일이 있으셨나요?

여행 인솔자: 어떤 분이 술을 두병 가져왔는데 세관에서 한 병 밖에 허용 되지 않아 벌금을 냈습니다. 그리고 어떤 분은 과일을 가지고 와서 과일을 빼앗겼습니다.

가이드: 그러셨군요! 어쩐지 통관시간이 오래 걸린다 했습니다.

가이드: 여러분 안녕하세요? AB여행사를 대표하여 한국으로 여행 오신 것을 환영합니다. 이번에 의료와 미용 관광여정(프로그램)은 저희여행사에서 이미 준비해 놓았습니다.

여행 인솔자: 번거롭게 해드렸군요.

가이드: 별말씀을요. 짐은 모두 제게 주십시오, 어르신 짐은 제가 들어 드리겠습니다. 여러분 모두 저를 따라오십시오.

노인: 감사합니다.

가이드: 천만해요. 제가 당연히 해야 할 일인걸요. 저를 따라 오십시오. 우리 차는 밖에서 기다리고 있습니다. 이쪽으로 오세요.

1-2 送机 ▎공항 배웅

가이드: 내일 비행기는 오후3시20분에 출발합니다. 그래서 1시20분에 출국수속을 시작합니다. 정오에는 고속도로가 막히기 때문에 우리는 내일 좀 일찍 출발해야 합니다. 공항까지 모시고 갈 차가 11시에 여러분을 태우러 오겠습니다. 호텔 로비에서 기다려주십시오.

손님: 네, 알겠습니다.

가이드: 안녕하세요? 차가 도착 했습니다. 모두들 차에 타십시오. 짐은 모두 가지고 내려오셨나요?

손님: 모두 가져왔습니다. 짐은 모두 합쳐 3개입니다.

가이드: 좋습니다. 제가 짐을 차에 실어드리겠습니다.

가이드: 차가 곧 출발하니 모두들 안전띠를 매주십시오.

가이드: 오늘 아침 제가 항공사에 전화 걸어 물어보았더니, 항공사에서 말하길 기계고장의 원인으로 인해 비행기가 2시간 연착된다고 합니다. 그러나 우리는 원래시간에 맞추어 출발 하겠습니다. 만약 일찍 도착한다면 여러분은 면세점을 좀 둘러보셔도 됩니다.

가이드: 공항에 도착했습니다. 내리십시오. 물건을 잊지 말고 챙기시고, 여기서 기다리십시오. 제가 카터기를 끌고 오겠습니다.

1-3 登机手续 ▌ 탑승 수속

손님: 와, 오늘 공항에 사람이 매우 많군요!

가이드: 네, 오늘은 연휴 첫째 날이라 외국으로 놀러가는 사람이 많습니다. 우리도 서둘러 탑승수속을 해야겠습니다.

가이드: 여권과 비행기 표를 저에게 주십시오. 제가 데스크에 가서 탑승수속을 하겠습니다.

손님: 감사합니다. 번거롭게 해드리네요.

가이드: 번거롭긴요? 전혀 번거롭지 않습니다. 안 그러셔도 됩니다. 창가 쪽 좌석과 통로 쪽 좌석 중 어느 곳으로 하시겠습니까?

손님: 저는 창가 쪽 좌석을 원합니다.

가이드: 죄송합니다. 카운터 여직원이 말하길 손님의 가방 무게가 초과되었다고 합니다. 한 사람당 20킬로그램까지만 허용되는데, 여직원이 이미25킬로그램까지 허용해드렸으나, 3킬로그램이나 더 초과되었다고 합니다. 가방에서 짐을 좀 덜어내시겠습니까, 아니면 초과요금을 내시겠습니까?

손님: 초과요금이 얼마인가요?

가이드: 1킬로그램 당 한화로 5000원입니다.

손님: 그럼 내지요. 여행 가방을 다시 열기도 번거롭습니다.

가이드: 수속을 모두 마쳤습니다. 여기 당신의 서류와 비행기 표를 받으십시오. 탑승구는 32번 게이트입니다. 탑승시간은 2시50분입니다. 시간이 다 되어가니 어서 들어가십시오.

가이드: 이번 한국여행에서 저의 서비스가 만족스러우셨길 희망합니다.

손님: 감사합니다. 당신의 많은 도움 덕분에 한국에서의 모든 것이 매우 순조로웠습니다.

가이드: 당신을 모실 수 있어서 매우 영광 이었습니다. 다음에 한국에 또 여행오시면 저에게 연락 주십시오.

제가 최선을 다해 도와드리겠습니다.

손님:　　　알겠습니다. 중국으로 여행오시면 저에게도 연락 주십시오.

가이드:　　초대해주셔서 감사합니다. 가시는 길도 평안하시고, 다음에 기회가 된다면 또 뵙겠습니다.

第二单元　饭店服务
호텔 서비스

2-1　住宿登记 ▎ check-in

호텔 직원:　　어서 오십시오. 숙박하시겠습니까?

손님:　　　　이 호텔은 몇 성급인가요?

호텔 직원:　　3성급입니다. 어떤 종류의 방을 원하십니까?

손님:　　　　더블 룸 하나를 원합니다.

호텔 직원:　　더블침대 하나를 원하십니까? 아니면 싱글침대 두 개를 원하십니까?

손님:　　　　싱글침대 두 개를 원합니다. 1박에 얼마입니까?

호텔 직원:　　1박에 한화로 10만원입니다. 몇일 간 숙박 하실 건가요?

손님:　　　　우선 3박 예약하겠습니다. 만약 그때가서 다시 숙박을 연장 할 수 있나요?

호텔 직원:　　가능합니다. 그러나 하루 전에 미리 말씀해주셔야 합니다.

손님:　　　　침대를 하나 추가하는 비용은 얼마인가요?

호텔 직원:　　엑스트라베드 추가비용은 3만원입니다.

손님:　　　　숙박비용에 조식이 포함되어 있나요?

호텔 직원:　　네, 포함되어 있습니다.

손님:　　　　좋습니다. 우선 3일 숙박 예약하겠습니다.

호텔 직원:　　알겠습니다. 신분증 좀 보여주십시오 제가 가서 복사해 올 테니, 이 양식 좀 작성해 주십시오. 신분증 감사합니다(신분증 여기있습니다).

손님:　　　　네.

호텔 직원:　　우선 카드로 보증금을 지불해주시고, 여기에 싸인 해 주십시오. 오래 기다리게 해드려 죄송합니다. 손님 묵으실 방은 718호입니다. 여기 객실 카드와 조식 권을 받으십시오. 즐거운 시간 되십시오.

호텔 직원: 안녕하세요, 도와드려도 될까요?

손님: 안녕하세요. 제가 막 서울에 와서 이곳에서 3일간 있으려하는데, 어느 곳이 가볼만 합니까?

호텔 직원: 서울에는 가볼만한 곳이 많습니다. 명동, 인사동, 남대문, 동대문, 그리고 한강 등등 여기에 안내지가 있으니 가져가서 보십시오.

손님: 여기에 서울지도가 있나요?

호텔 직원: 있습니다. 여기 쇼핑지도와 지하철노선도도 있습니다.

손님: 서울에서 저녁엔 어디에 가면 좋을까요?

호텔 직원: 만약 쇼핑을 원하신다면 동대문이나, 남대문 거리도 좋고요. 소주한잔 하시거나 야간주점에 가고 싶으시다면 이태원이나 홍대입구가 좋습니다. 만약 예술문화, 공연을 보시려면 여기에 문화센터 공연시간표가 있습니다. 가져가셔서 참고하십시오.

손님: 저는 한국의 "난타쇼"를 보고 싶은데 표는 어디에서 살 수 있나요?

호텔 직원: 제가 대신 예매해 드리겠습니다.

손님: 좋아요. 3장 예매해 주십시오. 어른2장, 어린이1장입니다.

호텔 직원: 아, 그건 성인과 어린이를 구분하지 않습니다. 오직 7만원, 6만원, 5만원, 4만원 석으로 구분합니다. 그리고 저녁공연은 5시와 8시공연이 있는데 어느 것을 원하십니까?

손님: 저는 8시 공연을 보겠습니다. 5만원 석으로 해 주십시오.

호텔 직원: 언제표로 예약할까요?

손님: 내일표로 예약해주십시오. 그리고 저희 방에 담요하나만 더 가져다주시고, 변기의 물통이 고장 났으니 사람 좀 보내서 고쳐주세요.

호텔 직원: 알겠습니다. 바로 사람을 보내 수리해드리겠습니다. 몇 호 이시죠?

손님: 713호입니다. 그리고 택시 한대만 불러주시겠습니까?

호텔 직원: 알겠습니다. 어디까지 가십니까?

손님: 삼청동에 가려고 합니다. 택시 기사님께 대신 말씀 좀 해주세요.

2-3 退房 ▎ check-out

호텔 직원: 안녕하세요, 무엇을 도와드릴까요?

손님: 체크아웃 하려고 합니다. 계산 좀 해주세요.

호텔 직원: 알겠습니다. 객실카드 좀 주시겠습니까? 잠시만 기다려 주십시오.

호텔 직원:	저희 직원이 객실 확인결과 샤워 타올 한 장이 부족하고, 유리컵 하나가 깨졌다는군요. 그리고 작은 냉장고 안의 음료수 3병과 국제전화도 한통 거셨구요. 객실요금을 포함하여 모두 173,200원입니다. 이것이 계산서입니다. 확인해주십시오.
손님:	음, 맞습니다.
호텔 직원:	현금으로 계산하시겠습니까 아니면 카드로 하시겠습니까?
손님:	카드로 하겠습니다.
손님:	저희가 이 근처 좀 돌아보려고 하는데 짐 좀 맡길 수 있나요?
벨보이:	가능합니다. (가방)안에 귀중품이나 깨지기 쉬운 물건이 있나요?
손님:	왜 그러시죠?
벨보이:	만약 귀중품이 있으시다면 카운터보관함에 맡겨주십시오. 깨지기 쉬운 물건이 있으시다면 보관해드릴 수 없습니다.
손님:	아! 그렇군요. 다행히 안에 특별한 물건은 없습니다.
벨보이:	좋습니다. 대략 몇 시 쯤 오셔서 찾아가실 건가요?
손님:	내일 다시 와서 찾아가도 괜찮습니까?
벨보이:	저희 규정상 체크아웃하신 손님의 가방은 밤새 보관해드릴 수 없습니다. 만약 밤을 넘기시면 요금이 발생합니다.
손님:	그럼 오늘밤 10시에 찾으러 오겠습니다.
벨보이:	네 그럼, 여기 손님의 짐 보관표이니 받으십시오.

第三单元 餐饮服务
식음료 서비스

3-1 领位 ▌ 자리 안내

종업원:	안녕하세요, 예약하셨나요?
손님:	아니요.
종업원:	몇 분이세요?
손님:	다섯 사람입니다.

종업원: 흡연석을 원하십니까, 비 흡연석으로 원하십니까?

손님: 비 흡연석이요.

종업원: 죄송합니다. 지금 비 흡연구역에는 자리가 없습니다. 잠시만 기다려 주시기 바랍니다.

손님: 얼마나 기다려야 합니까?

종업원: 손님 앞으로 7팀의 손님들이 대기 중 이십니다. 대략 15분 정도 걸립니다.

손님: 그렇다면 우리는 흡연구역도 좋습니다.

종업원: 알겠습니다. 이쪽으로 오세요.

손님: 우리는 좀 시원한 창가 쪽 자리로 주십시오.

종업원: 이 자리는 어떠신가요?

손님: 이 자리는 화장실 옆이라 별로군요. 저희는 저쪽 자리에 앉겠습니다.

종업원: 죄송합니다, 저쪽은 예약석입니다. 이쪽은 어떠십니까?

손님: 좋습니다. 여기에 앉지요. 여기 어린이 의자가 있나요?

종업원: 있습니다. 바로 가져다 드릴 테니 잠시만 기다려 주십시오.

손님: 의자 하나만 더 가져 다 주시겠습니까? 짐이 너무 많아서 둘 곳이 없습니다.

종업원: 네, 알겠습니다.

손님: 화장실이 어디인가요?

종업원: 안쪽으로 가시면 오른쪽에 있습니다. 제가 모셔다드릴까요?

손님: 괜찮습니다. 저 혼자 갈 수 있습니다. 감사합니다.

3-2 点菜 ▎음식 주문

종업원: 안녕하세요, 여기 메뉴 판이 있으니 보시고 주문하실 때 불러주십시오.

손님1: 종업원, 우리 주문하겠습니다.

종업원: 무슨 음식을 주문하시겠습니까?

손님1: 부대찌개가 어떤 요리인가요?

종업원: 찌개 안에 몇 가지 채소 등 여러 가지 재료가 들어있습니다. 맛이 좋습니다. 한번 드셔보세요. 많은 중국 손님들이 좋아하십니다.

손님1: 좋아요, 이 요리로 주문할께요. 그리고 이 식당의 대표요리가 무엇인가요?

종업원: 저희 식당에서 가장 유명한 요리는 감자탕과 해물전입니다.

손님1: 그럼 그 두 가지 요리도 주문할께요.

종업원:	더 필요하신 게 있으신가요?
손님1:	밥3공기 주십시오.
종업원:	음료는 무엇으로 준비해 드릴까요?
손님1:	콜라 큰 것으로 하나 주세요.
종업원:	죄송합니다만, 저희 집엔 콜라 큰 것은 없고, 캔 콜라만 있는데 몇 캔을 드릴까요?
손님1:	3캔 주세요.
손님2:	어떤 술이 있나요?
종업원:	저희 식당에는 맥주, 한국소주, 막걸리가 있습니다.
손님2:	막걸리는 무슨 술인가요?
종업원:	그것은 한국 전통의 하얀 쌀로 만든 술로 새콤달콤한 맛이 납니다.
손님2:	마셔보게 한병 주십시오.
종업원:	네, 알겠습니다. 주문하신 요리 확인 해드리겠습니다. 부대찌개 하나, 감자탕 하나, 해물전 하나와 밥3공기, 콜라3캔 그리고 막걸리 한 병 주문하셨습니다.
손님1:	우리가 주문한 음식이면 충분한가요?
종업원:	제 생각엔 충분할 것 같습니다. 우선 드셔보시고 부족하시면 더 주문하세요.
손님2:	음식을 좀 빨리 주세요. 급합니다.
종업원:	알겠습니다. 손님 가리시는 음식이 있으신가요?
손님1:	매운 것을 너무 많이 넣지 마세요. 너무 매우면 우리는 먹지 못합니다.
손님2:	기름과 소금은 적게 넣으시고, 조미료는 넣지 말아주세요. 저희는 담백하게 먹습니다.
손님1:	어? 우리는 이 반찬을 주문하지 않았는데요.
종업원:	아, 이것은 저희식당에서 제공해드리는 것입니다.
손님2:	한국에서 식사하기 아주 좋군요. 무료로 반찬도 먹을 수 있구요.
종업원:	이것은 한국의 전통입니다. 이 반찬들은 드시고 부족하시면 더 드릴 수 있습니다.
손님1:	끓인 물이 있나요? 저희는 주로 따뜻한 물을 마십니다.
종업원:	알겠습니다. 곧 가져다 드리겠습니다.
손님2:	공용 젓가락 몇 쌍과 수저, 그리고 빈 그릇 몇 개만 가져 다 주십시오.
손님1:	여기에 일회용 나무젓가락이 있나요? 쇠 젓가락은 사용하기 불편합니다.
종업원:	있습니다. 제가 곧 바꿔드리겠습니다.
종업원:	잠시 만요, 음식이 나왔습니다. 뜨거우니 조심하십시오. 주문하신 부대찌개입니다. 맛있게 드세요. 이것은 주문하신 감자탕과 해물전입니다. 주문하신 요리가 모두 나왔습니다. 맛있게 드십시오.
손님:	여기 계산이요. 남은 음식을 좀 포장해주시기 바랍니다.
종업원:	저희는 일회용 그릇이 없어서 비닐봉지에 싸드려야 하는데 괜찮으신가요?

손님:	괜찮습니다.
종업원:	네 알겠습니다. 잠시만 기다려주십시오. 어느 분이 계산하시겠습니까?
손님:	제가 합니다.
종업원:	네, 계산서 여기 있습니다.
손님:	식사비용을 제외하고 20퍼센트의 비용은 무엇인가요?
종업원:	10퍼센트의 봉사료와, 10퍼센트의 부가세입니다.
손님:	카드로 결제할 수 있나요?
종업원:	네. 저희는 신용카드와 중국은행카드로도 결제 가능하십니다.

3-3 处理客诉(顾客投诉) ▎ 서비스 불만 처리

손님:	종업원, 이것이 우리가 주문한 해물우동이 맞나요?
종업원:	네, 손님께서 주문하신 해물우동입니다.
손님:	어쩜 해물이 이렇게 적은가요?
종업원:	죄송합니다. 저희는 해물이 그리 많이 들어가지 않습니다.
손님:	게다가 면이 너무 차가워서 어떻게 먹나요?
종업원:	그렇습니까? 죄송합니다. 곧 바꿔드리겠습니다.
손님:	우리가 주문한 탕수육도 아직 나오지 않았어요. 너무 늦군요!
종업원:	죄송합니다, 오늘은 주말이라서 손님이 좀 많아서 그렇습니다.
손님:	얼마나 더 기다려야 하죠?
종업원:	10분 정도입니다.
손님:	그럼 필요 없으니 취소해주세요.
종업원:	잠시만 기다려 주십시오. 제가 주방에 가 재촉하여 바로 가져오겠습니다.
종업원:	오래 기다리게 해드려 죄송합니다.
손님:	음식이 너무 짜군요. 게다가 식기가 덜 씻겨서 깨끗하지 않습니다.
종업원:	그렇습니까? 제가 주방에 말하여 시정도록 하겠습니다. (소중한) 의견 감사드립니다.
종업원:	서비스가 만족스럽지 못하여 죄송합니다. 이건 저희 식당에서 준비한 과일입니다. 맛있게 드십시오
손님:	과일만 서비스하면 다 되는 건가요? 우리는 오늘 먹은 것으로 온통 심기가 불편합니다.
종업원:	매우 죄송합니다. 제가 잠시 후에 카운터에서 할인 받으실 수 있도록 도와드리겠습니다.
손님:	이제 좀 말이 되는군요.
종업원:	정말 죄송합니다. 양해 부탁드립니다. 찾아주셔서 감사합니다. 안녕히 가십시오.

第四单元 购物服务
쇼핑 서비스

4-1 化妆品店 ┃ 화장품점

판매원: 어서 오세요. 뭐가 필요하신가요?

손님: 저는 보습제품을 좀 사고 싶은데요, 소개 좀 해 주시겠어요?

판매원: 손님께서 직접 사용하실 건가요? 아니면 선물하실 건가요?

손님: 제가 쓰려고 합니다.

판매원: 손님은 건성피부인가요? 아니면 지성피부인가요?

손님: 확실히 말씀드릴 수 없네요. 제 T존 부위는 유분이 많지만, 양 볼은 겨울철에 매우 건조합니다.

판매원: 알겠습니다. 복합성 피부시군요. 이 올리브 영양크림이 복합성 피부에 적합 합니다. 손등에 사용해보
세요. 펴 바를 때 밀어서 열기도 편하고 보습효과도 매우 좋습니다.

손님: 음, 좋네요. 이거 6병 주세요.

판매원: 다른 필요하신 것이 있나요?

손님: 여기서 가장 잘 팔리는 것이 무엇인가요?

판매원: 저희매장에서 가장 잘 팔리는 것은 달팽이 제품인데 이쪽으로 와 보십시오. 이것이 한국에서 가장
유행하는 달팽이 크림입니다. 물건이 자주 품절됩니다. 한번 써보세요.

손님: 이것은 어떤 성분으로 만든 것인가요?

판매원: 이것은 비타민 성분이 많이 함유되어 있습니다. 발라보시면 매우 상쾌하고요, 끈적이거나 기름지지
않습니다.

손님: 그럼 하나 사서 써보죠. 여기에 미백 화장품도 있나요?

판매원: 있습니다. 저희 매장에 미백 제품이 많이 있는데, 제가 소개해드리는 이 제품은 잡지에서도 추천하는
미백 로션입니다. 미백 효과가 아주 좋습니다.

손님: 이것 하나로 얼마나 바를 수 있나요?

판매원: 만약 매일 바르신다면 하나로 1개월 동안 바를 수 있습니다. 6개를 가져가시면 반 년 동안 바르실
수 있습니다. 이렇게 하시면 효과가 쉽게 나타납니다.

손님: 좋아요. 그럼 우선 대여섯 개 주시고, 이런 종류의 립스틱도 하나 주세요.

판매원: 몇 호색인지 보여주세요 아, 35호 립스틱이군요. 죄송합니다. 이 색은 다 팔렸네요. 여기 몇몇 상품이
1+1 행사를 하고 있는데 한번 보시겠습니까?

손님:	어느 상품이 1+1상품이죠?
판매원:	바로 꽃수레 위의 이것들인데, 핸드크림, 아이크림, 클렌징크림입니다.
손님:	각각 두 개씩 주세요.
판매원:	알겠습니다. 저희는 색조상품도 유명한데, 구입하지 않으시겠습니까?
손님:	아니요, 저는 화장을 잘 하지 않습니다. 그냥 스킨케어 제품만 구입하겠습니다. 아, 선물포장을 해 주실 수 있나요?
판매원:	가능합니다. 몇 병이나 포장 하시겠습니까?
손님:	제가 직접 사용할 이 몇 병을 제외하고, 나머지는 모두 포장해 주십시오.
판매원:	모두 각각 포장 하시겠습니까?
손님:	네, 이 몇 병은 각각 포장해 주시고, 이 몇 병은 같이 포장해 주세요. 예쁘게 포장해 주세요.
판매원:	네, 알겠습니다.
손님:	제가 이렇게 많이 샀는데 얼마나 할인 해 줄 수 있나요?
판매원:	죄송합니다. 저희는 지금 할인 행사는 하지 않습니다. 그러나 견본품과 여행용 세트를 선물로 드리겠습니다.
손님:	여기 상품에 중국어 설명서가 있나요? 이 많은 병들을 어떻게 사용해야 할지 잘 모르겠습니다.
판매원:	문제없습니다. 제가 번호를 적어드리겠습니다. 당신은 순서대로 사용하시면 됩니다. 이쪽에서 계산 해드리겠습니다. 카드로 하시겠습니까? 아니면 현금으로 하시겠습니까? 아, 저희 매장에서는 은행카드로도 결제 하실 수 있는데 은행카드로 결제를 하시면 5% 할인이 됩니다.
손님:	그렇다면 저도 은행카드로 결제 하는 것이 좋겠군요.
판매원:	비밀번호를 눌러주세요. 여기 카드와 영수증을 받으십시오.
손님:	감사합니다.
판매원:	천만에요. 즐거운 쇼핑되세요.

4-2 土特产品店 ▌ 특산물 매장

A. 紫水晶专柜 ▌ 자수정 코너

점원:	아가씨, 자수정을 보시겠습니까? 지금 특가 세일합니다.
손님:	특가 할인이요? 몇 프로 할인이죠?
점원:	저희는 지금 전 제품 50% 할인합니다. 한번 보십시오. 저희는 평소에 20% 할인밖에 하지 않지만 오늘은 경축 일주년을 맞이하여 전제품을 50% 할인 합니다.
손님:	한국 자수정에 특별한 점이 있나요?

점원: 한국은 자수정 지하자원이 풍부하여 가격이 다른 나라에 비해 저렴합니다.

손님: 저 목걸이는 얼마인가요?

점원: 원가는 55만원인데, 할인하면 22만5천원이지만 22만원에 드리겠습니다.

손님: 20만원에 될까요? 20만원에 주시면 사겠습니다.

점원: 네 좋습니다. 그럼 포장해 드리겠습니다. 오늘 이 목걸이는 정말 잘 사신겁니다. 귀걸이도 한번 보시겠어요?

손님: 괜찮아요. 감사합니다.

B. 人参专柜┃인삼 코너

손님: 제가 인삼을 좀 사려고 하는데요, 어떤 상품을 추천해 주시겠습니까?

점원: 손님께서 직접 드실 건가요? 아니면 선물하실 건가요?

손님: 다른 사람에게 선물을 할 것입니다.

점원: 만약에 많은 지인들에게 선물을 하실 것이면, 가격이 좀 저렴한 인삼사탕, 인삼절편, 인삼양갱, 인삼차를 사시면 되고, 친지에게 선물하거나 직접 드신다면 인삼분말, 인삼 농축액, 인삼캡슐이나 인삼뿌리가 좋습니다.

손님: 인삼 농축액과 인삼 캡슐은 뭐가 다른가요?

점원: 성분은 같습니다. 모두 혈액순환 질병 방면에 좋습니다. 예를 들면 고혈압, 심장병, 당뇨병 등입니다. 다만 캡슐이 드시기에 편리합니다.

손님: 백삼과 홍삼은 어떤 차이가 있나요?

점원: 백삼은 4년 근으로 껍질을 벗겨 햇볕에 말려서 약재로 사용합니다. 예를 들면 삼계탕을 끓일 때 넣습니다. 홍삼은 껍질을 벗기지 않고 쪄서 말리기를 반복하면 인삼표면이 붉게 변합니다. 홍삼은 쪄서 말리는 과정 중 인삼의 사포닌성분이 증가하여 드시면 비교적 좋습니다.

손님: 인삼의 가격이 어떻게 이렇게 차이가 많죠?

점원: 고려인삼은 상품의 상태와 질에 따라 '천, 지, 인, 양, 절'의 5가지의 등급으로 나뉩니다. 그래서 어떤 것은 비싸고 어떤 것은 저렴합니다.

손님: 제 생각엔 이 매장 상품의 가격이 다른 매장에 비해 좀 비싼 것 같습니다.

점원: 싼 게 비지떡이라고, 우리는 모두 진짜 재료만 사용하고, 가짜를 끼워 넣지 않습니다.

손님: 그럼 좀 여쭤 볼께요. 임신부가 인삼을 먹어도 되나요?

점원: 임신 만 3개월이면 드시기 시작하셔서 태아가 너무 커지지 않도록 만 7개월이 되면 드시지 마십시오.

손님: 아이들도 먹어도 되나요? 아이들이 먹으면 어떤 점이 좋은가요?

점원: 아이들도 먹을 수 있습니다. 인삼은 아이들의 성장에 도움을 주고, 골격을 강하게 하며, 민감한 체질을 개선해줍니다. 성인은 하루에 2~3g정도 먹고, 아이들은 그 반을 먹고, 영유아는 만 1세가 되어야 비로소 먹을 수 있습니다.

손님:	암환자도 먹을 수 있나요?

점원: 인삼은 원기를 보충해줍니다. 그러나 현재 방사선 치료 중이거나 화학적 치료중인 사람에게는 드시는 것을 권하지 않습니다. 통상적으로 치료 후에 먹을 수 있습니다. 다만 주치의 선생님께 동의를 구하신 후 드시는 것이 제일 좋습니다. 왜냐하면 사람마다 체질이 다르기 때문이죠.

손님: 그럼 인삼은 어떻게 먹어야 하나요?

점원: 인삼은 대추 혹은 구기자를 넣고 푹 끓이거나, 삼계탕을 하셔도 좋습니다. 인삼의 쓴맛이 싫으시다면, 꿀에 재어놓았다가 드시면 됩니다. 인터넷에 인삼 드시는 방법이 많이 나와 있으니 참고 하십시오.

손님: 가격을 좀 싸게 해 주실 수 있나요?

점원: 죄송합니다. 여기는 모두 정찰가격제로 전산 입력되어 깎아드릴 수 없습니다.

C. 泡菜专柜 ┃ 김치 코너

점원: 아가씨, 한국에 오셨으니 정통 한국 김치 좀 가져가서 맛보세요.

손님: 김치를 사서 가져가면 비행기에서 냄새가 나지 않을까요? 가방 안에 넣어도 김치 냄새가 나지 않을까요?

점원: 그렇지 않아요. 저희가 랩으로 김치를 여러 번 감싸서 포장하기 때문에, 냄새가 새어나오거나 새지 않습니다. 그래도 걱정이 되신다면 진공 포장된 김치도 있는데 사 가져가시기에 매우 편리합니다.

손님: 여기에는 어떤 김치들이 있나요?

점원: 여기에는 배추김치, 파김치, 깍두기, 갓김치, 깻잎김치, 열무김치, 물김치 등이 있습니다.

손님: 배추김치는 얼마입니까?

점원: 배추김치는 1Kg에 한화로 15000원입니다. 얼마나 드릴까요?

손님: 1Kg주세요. 파김치는요?

점원: 1Kg에 12000원입니다.

손님: 파김치는 500g만 주세요.

점원: 더 필요하신 것이 있으신가요?

손님: 진공 포장된 물김치 두 봉지 더 주시고요, 이 배추김치와 파김치는 새지 않도록 잘 포장해 주세요.

점원: 안심하세요. 잘 포장해드리겠습니다.

4-3 免税店 ┃ 면세점

A. 烟酒专柜 ┃ 술.담배 코너

판매원: 제가 소개를 좀 해드려도 될까요?

손님: 제가 먼저 좀 보겠습니다.

판매원:	네. 필요하시면 불러주세요.
손님:	한 사람이 몇 보루의 담배와 몇 병의 술을 가져갈 수 있나요?
판매원:	어느 나라로 가십니까? 각 나라마다 규정이 다릅니다.
손님:	저는 중국으로 갑니다.
판매원:	중국으로 들어가신다면, 담배 두 보루와 술 두 병을 가져가실 수 있습니다.
손님:	아이들도 한 사람으로 치나요?
판매원:	아이들은 술 담배를 구입할 수 없습니다. 그래서 한 사람으로 치지 않습니다.
손님:	그럼 조니워커 한 병만 주세요.
판매원:	지금 두병을 사시면 기내가방을 하나 선물로 드립니다. 한 병 더 사시겠습니까?
손님:	아니요. 한 병만 주세요.
판매원:	다른 필요한신 것이 있으신가요? 200달러 이상 구입하시면 15% 할인해드립니다.
손님:	그럼 말보로 한 보루와 三五(555)담배 한 보루 주세요.
판매원:	네, 제가 계산을 도와드리겠습니다. 비행기 표를 좀 보여주세요.

B. 香水专柜 ▌향수 코너

판매원:	아가씨, 안녕하세요? 저희의 새로 나온 향수를 한 번 보시겠습니까?
손님:	그것은 꽃 향 인가요? 과일 향 인가요?
판매원:	이것은 과일 향입니다. 향 좀 맡아보세요. 달콤한 향이라서 젊은 여성들에게 인기가 좋습니다.
손님:	저는 비교적 꽃 향을 좋아합니다.
판매원:	그렇습니까? 그렇다면 저는 이 향수를 추천해 드립니다. 이 향수의 향을 맡아보시면 향이 매우 산뜻하고 고상하여, 직장여성에게 잘 어울립니다.
손님:	이(향수)병이 아주 예쁘군요. 이것은 무슨 향인가요?
판매원:	이것은 향이 비교적 진한 향수로 저녁에 사용하기에 적합합니다. 향을 맡아보세요. 이 향수의 주요 성분은 에센스입니다.
손님:	한 병에 얼마인가요?
판매원:	한 병에 55달러입니다.(미화) 인민폐로 환산하면 350위안 정도 됩니다. 이 향수는 중국에서 600위안 정도에 판매하니, 250위안 정도 이득입니다.
손님:	이곳의 향수는 요즘 어떤 판촉을 하시나요?
판매원:	없습니다. 저희는 판촉활동을 잘 하지 않습니다.

C. 名牌包专柜 ▌명품 백 코너

판매원:	어서 오십시오. 어떤 가방을 찾으시나요?

손님:	저는 핸드백을 찾습니다.
판매원:	이 가죽빽은 새로 나온 것으로 일본 왕비가 가장 좋아하는 디자인입니다.
손님:	제가 한번 볼께요.
판매원:	작고 정교해서, 손님 스타일에 잘 어울리십니다.
손님:	아주 예쁘네요. 하지만 저는 실용적인 빽을 원하는데, 이것은 너무 작아서 물건이 얼마 들어가지 않겠어요.
판매원:	그러면 이 빽을 좀 보시오. 이것은 내용물이 많이 들어갑니다. 안쪽에는 작은 주머니들도 많고, 손으로 들기에도 좋고, 메고 다니셔도 됩니다. 아주 실용적입니다. 한번 메어보세요.
손님:	이것은 무슨 가죽으로 만들었나요?
판매원:	소가죽으로 만들었습니다.
손님:	다른 색은 없나요?
판매원:	검정색을 제외하고, 커피색과 미색이 있습니다.
손님:	미색 좀 보여주세요.
판매원:	네, 잠시만 기다려주세요. 제가 곧 창고에서 가져다 드리겠습니다. 오래 기다리게 하여 죄송합니다. 한번 보세요.
손님:	이 미색은 너무 얇고 때가 탈 것 같네요. 이리저리 봐도 검정색이 낫군요.
판매원:	네, 검정색이 더러움도 덜 타고 싫증나지 않습니다. 검정색은 사람들에게 고상하고 대범한 느낌을 줍니다. 좀 보세요. 이 빽은 아주 견고하게 만들어서 질이 아주 좋습니다. 하나 사시면 오랫동안 사용하실 수 있습니다.
손님:	좋습니다. 이것으로 사겠습니다.

4-4 服饰店 ▎의류 매장

A. 询价 ▎가격 문의

점원:	어서오세요.
손님:	밖에 걸려있는 분홍색 티셔츠는 얼마인가요?
점원:	58000원입니다.
손님:	다른 색도 있나요?
점원:	있습니다. 흰색, 남색, 그리고 노란색이 있습니다.
손님:	좀 보여주세요.
점원:	알겠습니다. 잠시만 기다려주세요.

손님:	이런 면 종류는 입으면 좀 덥지 않을까요?
점원:	아닙니다. 이런 면은 통풍성이 좋습니다.
손님:	물에 들어가면 줄거나 탈색되지 않을까요?
점원:	이 옷은 드라이크리닝만 가능합니다. 물세탁은 하지 마십시오.
손님:	음, 전부 예뻐서 무엇을 사야할지 모르겠어요.
점원:	몇 벌 더 사 가세요. 이 옷의 원가는 11만원인데 계절이 바뀌어서 할인하여 58000원에 판매하는 것이니 지금 사시는 것이 좋습니다.
손님:	많이 사면 좀 더 싸게 해 주시나요?
점원:	죄송합니다. 저희 상점은 정찰제로 흥정이 되지 않습니다. 게다가 이미 할인된 상품입니다.
손님:	그럼 저는 노란색과 흰색 한 벌씩 주세요.
점원:	네, 제가 포장해 드리겠습니다.

B. 讨价还价 ▎가격 흥정

점원:	이 분이 따님이신가요? 정말 귀엽게 생겼네요.
손님:	그래요? 감사합니다.
점원:	사모님은 젊어 보이고 피부도 하얀 편이니 이런 색의 옷을 입어보세요. 이런 색이 손님께 잘 어울립니다.
손님:	저는 이런 디자인을 싫어합니다.
점원:	그럼, 올해 한국에서는 이런 긴 청바지가 유행이니, 몇 벌 더 많이 사 가세요. 직접 입으셔도 되고, 선물 하셔도 좋습니다.
손님:	얼마인가요?
점원:	한 벌에 5만원입니다.
손님:	너무 비싸요. 얼마나 싸게 주실 수 있나요?
점원:	몇 벌이나 사실건가요? 많이 사시면 좀 싸게 드릴 수 있습니다.
손님:	5벌을 사려고 하는데 한 벌에 3만원에 주실 수 있나요?
점원:	3만원이요? 우리도 그렇게 가져오지 못합니다. 만약 진짜로 원하시면 최하로 한 벌에 4만원씩 드릴 수 있습니다.
손님:	그래도 너무 비싸요. 한 벌에 3만5천원에 주신다면 사고, 안된다면 그냥 가겠습니다.
점원:	그럼 현금으로 결제 하시겠습니까? 아니면 카드로 하시겠습니까? 현금으로 하신다면 3만 5천원에 드리겠습니다.

C. 试穿 ▎의류 체험(옷 입어보기)

| 손님: | 이 옷 좀 입어 봐도 될까요? |

점원:	목티를 제외하고 다른 것은 모두 입어보셔도 됩니다.
손님:	목티는 왜 입어볼 수 없죠?
점원:	왜냐하면 목티는 더러워지기 쉬운데, 더러워지면 팔 수가 없습니다. 정말 죄송합니다.
손님:	괜찮습니다. 탈의실은 어디에 있나요?
점원:	네, 탈의실은 저쪽에 있습니다.
손님:	거울은 어디에 있나요?
점원:	거울은 여기에 있습니다.
손님:	이 옷은 입어보니 조금 큽니다.
점원:	이 옷은 입기에 넉넉하고 편안하게 디자인 되었습니다.
손님:	저는 그래도 좀 큰 것 같아요. 한 치수 작은 것 없나요?
점원:	이 옷은 사이즈가 하나입니다. 다른 옷을 입어보세요.
손님:	이 옷은 좀 튀는 것 같아요.
점원:	튀지 않아요. 이 옷은 샤넬 풍으로 디자인한 옷입니다. 손님이 입으시면 제법 서양스타일이 날 것입니다.
손님:	다시 저 빨간색을 한번 입어보겠습니다. 이 옷은 조금 작네요. 조금 큰 것이 있나요?
점원:	지금 입으신 옷이 XL사이즈입니다.
손님:	XXL사이즈가 있나요?
점원:	죄송합니다. 제일 큰 것이 XL사이즈입니다.
손님:	좋아요. 이것으로 주십시오.
점원:	이것은 특가상품으로 교환이나 환불이 되지 않으니, 잘 보신 후 구입하세요.
손님:	네, 자세히 보겠습니다.

D. 退换货 ▮ 물건 반품

손님:	아저씨, 어제 제가 여기에서 신발을 한 켤레 샀는데요. 집에 가서 보니 좀 작은 것(발에 끼는 것) 같습니다.
점원:	교환 하시겠습니까? 반품 하시겠습니까?
손님:	반품 하겠습니다.
점원:	영수증을 가져오셨나요?
손님:	네, 여기 있습니다.
점원:	좋습니다. 영수증을 가지고 카운터에서 반품 하십시오.
손님:	아가씨, 방금 여기서 옷을 한 벌 샀는데 교환을 하고 싶습니다.
점원:	사이즈를 바꾸시겠습니까? 색을 바꾸시겠습니까?

손님: 저는 다른 옷으로 바꾸고 싶습니다.

점원: 어느 옷으로 바꾸시겠습니까?

손님: 저는 저 빨간 옷으로 바꾸겠습니다.

점원: 좋습니다. 이 옷은 비교적 비싸서 차액을 지불 하셔야 합니다.

손님: 얼마나 더 내야하나요?

점원: 15000원입니다.

손님: 저는 저 빨간 옷으로 바꾸겠습니다.

❀ 임 소 영(任少英)

華東師範大學 대외한어학과 박사졸업
현) 여주대학교 관광중국어과 교수

❀ 유 선 영(兪善英)

한양대학교 중어중문학과 박사졸업
현) 여주대학교 관광중국어과 교수

❀ 임 태 현(林泰顯)

中國社會科學院 철학과 박사졸업
현) 여주대학교 관광중국어과 교수

❀ 양 우 사(楊宇仕)

南開大學 언어학 및 응용언어학과 석사졸업
현) 여주대학교 관광중국어과 초빙교수

旅游观光服务中国语

여행관광서비스중국어

초판인쇄　2015년 02월 10일
초판발행　2015년 02월 25일

저　　자　임소영·유선영·임태현·양우사
발 행 인　윤석현
발 행 처　제이앤씨
책임편집　최인노·김선은
등록번호　제7-220호

우편주소　㉾ 132-881 서울시 도봉구 우이천로 353 / 3F
대표전화　02) 992 / 3253
전　　송　02) 991 / 1285
홈페이지　http://www.jncbms.co.kr
전자우편　jncbook@hanmail.net

ISBN 978-89-5668-395-9 13720

정가 14,000원(MP3+부록 포함)

旅游观光服务中国语

여행관광서비스중국어

부록

1. 괄호 안에 들어갈 단어를 보기에서 고르시오.

> 보기 : 麻烦　派来　拿　难怪

1) 来, 老先生, 请让我帮您(　　　)行李, 请大家跟着我走。

2) 原来是这样啊！(　　　)通关花了这么长的时间。

3) 那就(　　　)你了。

4) 你是可乐旅行社(　　　)接机的吗？

2. 다음 단어를 올바른 순서로 배열하여 문장을 만드시오.

1) 没　在　一切　包　我　问题　身上

➡ ____。

2) 的　应该　不客气　我们　做　这是

➡ ____。

3) 检查　行李　海关　被　有些　只是　拦下来　刚才　团员

➡ ____。

4) 时间　了　一些　耽搁

➡ ____。

3. 다음 괄호 안의 주어진 단어를 사용하여 대화를 완성하시오.

1)

A：桌上的蛋糕呢？

B：____。(被)

2)

A：这个行李好重啊！

B：____。(帮)

3)

A：小偷跑去哪儿了？

B：____。(被)

4)

A：谢谢你。

B：____。(应该)

4. 본문요약 빈칸 채우기.

天津的领队带着__________来到韩国，通关的时候不太__________，因为有些团员

被__________拦了下来，多带酒的被海关__________。带水果的人，水果被

__________了。这次的__________行程，AB旅行社已经为大家__________好了。

接待员帮老先生拿__________，大家__________接待员走，旅行社的车子在外边

__________。

1. 괄호 안에 들어갈 단어를 보기에서 고르시오.

> 보기 : 系好　　帮　　可以　　起飞

1) 大家也(　　　)在免税机场逛久一点。

2) 您明天回中国的飞机是下午3点20分(　　　)。

3) 好的，我(　　　)您把行李拿到车上。

4) 我们就要开车了，请大家(　　　)安全带。

2. 다음 단어를 올바른 순서로 배열하여 문장을 만드시오.

1) 到　我　一下　航空公司　打　问了　电话

➡ ____。

2) 还是　时间　出发　按照　我们　原定　所以

➡ ____。

3) 会　塞车　高速公路　可能

➡ ____。

4) 来　接　会　的　到　车子　11点　您　机场

➡ ____。

3. 다음 괄호 안의 주어진 단어를 사용하여 대화를 완성하시오.

1)
A：外面的天气怎么样？

B：________________________________。(要……了)

2)
A：你会什么运动？

B：________________________________。(会)

3)
A：我们去练歌房唱歌。

B：________________________________。(得, děi)

4)
A：您有几件行李？

B：________________________________。(一共)

4. 본문요약 빈칸 채우기.

他们回去中国的飞机是下午3点20分__________，所以1点20分开始__________登

机手续。因为高速公路可能会__________，所以______早点儿出发。接待员让他们

在______________等候。大家把行李都____________了。出发时，接待员要

大家系好______________。因为飞机____________________的原因，飞机会

____________两个小时。我们还是按照______________出发，大家可以在机场免

税店______________。

1. 괄호 안에 들어갈 단어를 보기에서 고르시오.

> 보기 : 跟　对　让　为

1) 希望您这次来韩国(　　　　)我的服务感到满意。

2) 您下次再来韩国旅游时, 可以(　　　　)我联系。

3) 谢谢你,多亏了你的帮忙, (　　　　)我在韩国一切都很顺利。

4) 能(　　　　)您服务是我的荣幸。

2. 다음 단어를 올바른 순서로 배열하여 문장을 만드시오

1) 旅途　祝　您　邀请　的　平安　谢谢　您

　➡ _______________________________________。

2) 帮忙　会　尽力　一定　我

　➡ _______________________________________。

3) 赶紧　我们　手续　去　登机　得　办理

　➡ _______________________________________。

4) 该　去了　了　您　时间　进　差不多

　➡ _______________________________________。

3. 다음 괄호 안의 주어진 단어를 사용하여 대화를 완성하시오.

1) A：你来中国多久了？

B：______________________________。(差不多)

2) A：______________________________。(还是)

B：我要喝咖啡。

3) A：谢谢你的帮忙。

B：______________________________。(荣幸)

4) A：______________________________。(祝)

B：谢谢，我们后会有期。

4. 본문요약 빈칸 채우기.

到了机场，接待员帮客人办理______________，客人要坐__________的位子。每个人限带20公斤的行李。______________说客人的行李__________了，她已经帮客人__________到25公斤，可是客人__________超过3公斤，得交__________。手续办好以后，接待员把__________和__________给客人，请他拿好。接待员希望客人对他的__________感到满意。接待员觉得能为客人服务是他的__________，他祝福客人______________，希望__________，以后能再见面。

1. 괄호 안에 들어갈 단어를 보기에서 고르시오.

> 보기 : 一间　　提前　　出示　　填写

1) 我要(　　　)双人房。

2) 请您(　　　)一天告诉我们。

3) 请(　　　)一下您的证件。

4) 请(　　　)一下这张表格。

2. 다음 단어를 올바른 순서로 배열하여 문장을 만드시오.

1) 还是　床　请　要是　两张　大床　问　小　一张？

　▶ ____ 。

2) 住　三天　预订　先　我

　▶ ____ 。

3) 会　可能　不便　您　的　造成

　▶ ____ 。

4) 一个　帮　请　加　床　我

　▶ ____ 。

3. 다음 괄호 안의 주어진 단어를 사용하여 대화를 완성하시오.

1)

   A：你想订哪种房间？

   B：____。(要)

2)

   A：____？(饭店/酒店)

   B：五星级的。

3)

   A：听说星期日会下雨。

   B：____。(如果)

4)

   A：你喜欢的颜色________________________？(是……还是……?)

   B：我喜欢红色。

4. 본문요약 빈칸 채우기.

这家饭店是__________级的，客人想订一间__________________，他要两张

__________的。__________是10万韩币，他__________住三天。如果他想

__________的话，必须__________一天告诉饭店人员。______________是3

万元。房费__________早餐。入住饭店的时候，要出示__________，填写

__________，还要刷卡付__________。

1. 괄호 안에 들어갈 단어를 보기에서 고르시오.

> 보기 : 要　或　叫　代

1) (　　　)在这里住四天，有哪些地方可以去？

2) 如果要购物逛街可以去东大门(　　　)南大门。

3) 请帮我(　　　)一辆出租车。

4) 我可以帮您(　　　)订。

2. 다음 단어를 올바른 순서로 배열하여 문장을 만드시오.

1) 和　购物　铁地图　地下　这里　还有　地图

　➡ ____。

2) 很　景点　市区　多　首尔　有

　➡ ____。

3) 晚上　哪儿　呢　去　可以　首尔

　➡ ____。

4) 去　马上　修　人　我们　派

　➡ ____。

3. 다음 괄호 안의 주어진 단어를 사용하여 대화를 완성하시오.

1)
A：我想买点便宜的衣服。

B：_______________________________________。(可以)

2)
A：你的酒量怎么样？

B：_______________________________________。(能)

3)
A：你买了什么东西？

B：_______________________________________。(另外)

4)
A：这蛋糕好吃吗？

B：_______________________________________。(太……了)

4. 본문요약 빈칸 채우기.

客人要在首尔住三天，他需要首尔___________。服务员还给了他___________地图和___________地图。首尔晚上如果要___________可以去东大门或南大门。如果要___________、___________可以去梨泰院或弘大入口。客人想看"乱打秀"，服务员说可以帮他___________。客人要订两张成人票，一张儿童票，但是剧场不分成人儿童，它只分7万、6万、5万、4万四种席位。除了订票，客人另外请服务员多送一条___________到房间，马桶的___________坏了，也要_______个人去修。客人的___________是713号房，他让服务员帮他_______一辆出租车，并且告诉出租车___________要去三清洞。

1. 괄호 안에 들어갈 단어를 보기에서 고르시오.

> 보기 : 存　　特别　　规定　　里面

1) 行李可以(　　　)在这儿吗？

2) 还好里面没有什么(　　　)的东西。

3) 我们(　　　)退房的客人行李不能过夜。

4) 您(　　　)有什么贵重或易碎的物品吗？

2. 다음 단어를 올바른 순서로 배열하여 문장을 만드시오.

1) 好　了　10点　我　取　那　来　今晚

　➡ __________________________________。

2) 存条　您　行李　这是　的

　➡ __________________________________。

3) 国际　了　电话　一通　打

　➡ __________________________________。

4) 杯　了　玻璃　有　破　一个

　➡ __________________________________。

3. 다음 괄호 안의 주어진 단어를 사용하여 대화를 완성하시오.

1)

A : ____?(打算)

B : 明年吧。

2)

A : 我要怎么称呼你呢？

B : ____。(……好了)

3)

A : 我带了很多贵重的东西。

B : ____。(存)

4)

A : 请问有什么事吗？

B : ____。(要)

4. 본문요약 빈칸 채우기.

客人退房结账的时候，查房员___________说，______了一条浴巾，有一个玻璃

杯________。还有饮用了___________里的三瓶饮料，打了__________国

际电话。加上__________，住宿费用__________是十七万三千两百元韩币。

服务员请客人确认一下___________，因为客人___________在饭店附近

__________，所以行李想_____在饭店。__________的东西应该寄放在柜台的

__________，如果有_________的东西就不能__________。饭店

__________退房的客人行李不能__________，如果过夜要__________付

费，所以客人__________十点去取行李。

성 명 __________ 학 과 __________
학 년 __________ 학 번 __________

1. 괄호 안에 들어갈 단어를 보기에서 고르시오.

보기 : 还是　靠近　需要　前面

1) 您(　　)还有3组客人在等位子。

2) 请往里走, 在右边儿. (　　)我带您去吗？

3) 这个位子不好, (　　)厕所。

4) 请问要坐吸烟区(　　)非吸烟区？

2. 다음 단어를 올바른 순서로 배열하여 문장을 만드시오.

1) 了　我们　好　坐　那　吸烟区　去

　➡ ____ 。

2) 有人　位子　那个　了　预订

　➡ ____ 。

3) 座　现在　了　非吸烟区　没

　➡ ____ 。

4) 稍　您　等一下　得

　➡ ____ 。

1)

A : _____________________________？(如何)

B : 挺漂亮的。

2)

A : 你想坐哪儿？

B : _____________________________。(靠)

3)

A : 请问厕所在哪儿？

B : _____________________________。(往)

4)

A : 你前面有几个人在排队？

B : _____________________________。(还有)

4. 본문요약 빈칸 채우기.

5位中国客人进了餐厅，他们没有__________。他们想坐__________区，可是没

座了。迎宾员说他们前面还有7_______客人在等__________。结果他们去坐

__________区。因为他们带了孩子，所以需要__________________。包儿太

多，没地方______，还需要______把椅子。想上洗手间的客人，不__________

迎宾员带他去，他______________可以去。

성 명 __________   학 과 __________
학 년 __________   학 번 __________

1. 괄호 안에 들어갈 단어를 보기에서 고르시오.

> 보기 : 马上　　还要　　继续　　赶快

1) 我们(　　)三碗米饭，一瓶大可。

2) (　　)帮我们上菜，我们赶时间。

3) 我(　　)帮你们送过来。

4) 您可以(　　)用餐到三点。

2. 다음 단어를 올바른 순서로 배열하여 문장을 만드시오.

1) 银联卡　接受　我们　信用卡　中国　这里　和

➡ __________________________________。

2) 把　的　包　剩下　我们　菜　帮　打

➡ __________________________________。

3) 吧　一瓶　就　尝尝　那　来

➡ __________________________________。

4) 一种　米酒　韩国　白色　传统　那是　的

➡ __________________________________。

3. 다음 괄호 안의 주어진 단어를 사용하여 대화를 완성하시오.

1)

A：这道菜味道怎么样？

B：_______________________________________。(起来)

2)

A：明天我的生日派对，你能来吗？

B：_______________________________________。(不了)

3)

A：你急什么？

B：_______________________________________。(赶)

4)

A：如果乌龟和兔子赛跑，结果会怎么样？

B：_______________________________________。(得, de)

4. 본문요약 빈칸 채우기.

服务员把__________拿给客人看，请客人要__________时，叫他一声。服务员介绍部队汤就是汤里放了几节__________、几片__________、一些__________、__________和__________等，__________不错。餐厅最有名的招牌菜是__________和__________。他们的酒水点了三______可乐，一______马格利米酒。马格利米酒是一种韩国__________的白色米酒，喝起来__________。客人希望别______太多辣子，因为太辣他们__________。

客人也希望少______少______不放__________，因为他们吃得很__________。

在韩国饭馆儿吃饭时，通常会招待一些免费的__________。中国客人__________

喝热的，他们觉得铁筷子____________。这家饭馆的厨房两点__________，要

__________菜的话，必须在一点半以前。客人可以继续__________到三点。吃剩

的东西，客人要__________。买单的时候，__________餐费，账单多了百分之

二十的____________和____________。

성 명 ___________   학 과 ___________
학 년 ___________   학 번 ___________

1. 괄호 안에 들어갈 단어를 보기에서 고르시오.

> 보기 : 比较　　还有　　马上　　希望

1) 今天是周末, 客人(　　　)多。

2) (　　　)你们的餐具没洗干净。

3) 我(　　　)就送来。

4) 真的很抱歉, (　　　)你们见谅。

2. 다음 단어를 올바른 순서로 배열하여 문장을 만드시오.

1) 等　还　啊　多　久　要

➡ ____ 。

2) 换　你们　我　给　马上

➡ ____ 。

3) 太　了　你们　咸　的　菜

➡ ____ 。

4) 了　等　让　久　你们

➡ ____ 。

3. 다음 괄호 안의 주어진 단어를 사용하여 대화를 완성하시오.

1)

A：你什么时候能到？

B：________________________________。(左右)

2)

A：星期日你想去哪儿？

B：________________________________。(想)

3)

A：小偷长什么样子？

B：________________________________。(左右)

4)

A：你什么时候看见了小王？

B：________________________________。(一……就……)

4. 본문요약 빈칸 채우기.

客人点了海鲜乌龙面，可是海鲜只有______________，而且面也______了。因为

糖醋肉还要等十分钟______，客人要服务员把糖醋肉______了，客人觉得这

家餐厅的菜______________，餐具没洗______，有点儿______。服务员

表示会跟厨房______并且______，还有谢谢客人的______。因为

餐厅的服务______________，所以餐厅______了果盘。客人还不满意，他们

觉得吃了______________。所以服务员请柜台再帮客人______________，希望

客人能______。

1. 괄호 안에 들어갈 단어를 보기에서 고르시오.

> 보기 : 愉快　　属于　　含有　　还是

1) 这个(　　　　)很多维他命的成分。

2) 您是自己用(　　　　)送人？

3) 不客气，祝您购物(　　　　)！

4) 我知道了，您(　　　　)混合型肌肤。

2. 다음 단어를 올바른 순서로 배열하여 문장을 만드시오

1) 可以　您　一下　在　试　手上

　▶ ____。

2) 现在　活动　打折　我们　没有

　▶ ____。

3) 别　需要　您　还　吗　点　的？

　▶ ____。

4) 包　请　一点儿　漂亮

　▶ ____。

3. 다음 괄호 안의 주어진 단어를 사용하여 대화를 완성하시오.

1)

A：最近天气怎么样？

B：＿＿＿＿＿＿＿＿＿＿＿＿＿＿＿＿＿＿＿＿＿。(不A也不B)

2)

A：＿＿＿＿＿＿＿＿＿＿＿＿＿＿＿＿＿＿＿＿＿。(一下)

B：没问题，我等你。

3)

A：你要吃饭还是吃面？

B：＿＿＿＿＿＿＿＿＿＿＿＿＿＿＿＿＿？(……好了)

4)

A：你喜欢哪个包儿？

B：＿＿＿＿＿＿＿＿＿＿＿＿＿。(除了……其它的都……)

4. 본문요약 빈칸 채우기.

客人想买一些＿＿＿＿＿＿产品，她是要＿＿＿＿＿＿，不是送人。客人的

＿＿＿＿＿＿容易出油，但＿＿＿＿冬天却很＿＿＿，＿＿＿＿＿混合

型肌肤。所以售货员推荐了橄榄＿＿＿＿，它专门＿＿＿＿＿混合型肌肤，涂上

去以后，很容易＿＿＿＿＿，保湿＿＿＿＿非常好。店里卖得最好的

＿＿＿＿＿是蜗牛＿＿＿＿的，他们常常卖到＿＿＿＿。蜗牛面霜含有很

多维他命的＿＿＿＿，擦起来很＿＿＿＿，不＿＿＿也不＿＿＿。

성 명 ____________   학 과 ____________
학 년 ____________   학 번 ____________

售货员给客人介绍了一支杂志上____________的美白霜，是________韩佳人____________的。店里部分商品有____________的活动，就是____上的手霜、眼霜、精华液。客人有些化妆品是要送人的，需要____________包装。化妆品店现在没有______活动，但是会送客人一些____________和____________。因为有些产品没有中文____________，所以售货员帮客人写上____________，客人按照____________使用就可以了。结账时，刷____________的话可以打95折。刷银联卡时需要输入____________。因为客人的商品____________需要点时间，所以售货员建议客人先到____________逛逛，____________再来取。于是客人想到东大门，东大门______化妆品店有点____________，走路有点儿________，得坐5站的____________，或是____________去。

1. 괄호 안에 들어갈 단어를 보기에서 고르시오.

> 보기 : 看看　　一些　　成长　　可以

1) 人参会帮助小孩(　　　　)。

2) 我要买(　　　　)人参，有什么产品可以推荐？

3) 请问一下，孕妇(　　　　)吃人参吗？

4) 要不要(　　　　)紫水晶，现在有特价哦。

2. 다음 단어를 올바른 순서로 배열하여 문장을 만드시오.

1) 明码标价　都是　我们　这里
   ➡ ____ 。

2) 购　方便　买　非常
   ➡ ____ 。

3) 元气　可以　人参　补
   ➡ ____ 。

4) 了　包　那　起来　我　帮　你　就
   ➡ ____ 。

3. 다음 괄호 안의 주어진 단어를 사용하여 대화를 완성하시오.

1)
A：你们班上的同学每天怎么去上学？

B：＿＿＿＿＿＿＿＿＿＿＿＿＿＿＿＿＿＿。(有的……有的……)

2)
A：他们差几岁？

B：＿＿＿＿＿＿＿＿＿＿＿＿＿＿＿＿＿。(A比 B)

3)
A：这东西怎么这么重？

B：＿＿＿＿＿＿＿＿＿＿＿＿＿＿＿＿？(还是)

4)
A：你怎么不出去玩儿？

B：＿＿＿＿＿＿＿＿＿＿＿＿＿＿＿＿？(还是)

4. 본문요약 빈칸 채우기.

今天土特产品店为了庆祝＿＿＿＿＿＿＿＿，＿＿＿＿＿＿打五折。平常他们＿＿＿＿＿＿打8折。韩国因为紫水晶矿产＿＿＿＿＿＿，所以紫水晶价格＿＿＿＿别的国家便宜。客人花20万买了紫水晶项链，买得＿＿＿＿＿＿！人参专柜的店员建议，如果要买很多送＿＿＿＿＿＿、＿＿＿＿＿＿的话，可以买些价格＿＿＿＿的人参糖、人参＿＿＿＿＿、人参＿＿＿＿＿或人参茶。如果是送＿＿＿＿＿或＿＿＿＿＿＿的话，就可以买人参粉、人参＿＿＿＿＿、人参＿＿＿＿＿或

___________的人参。人参浓缩液和人参胶囊的___________是一样的，都是针对___________方面的___________，例如高血压、心脏病、糖尿病，___________胶囊吃起来会___________方便。白参多用于___________，例如炖___________。红参在___________过程中会增加___________的种类和数量，吃了也比较___________。客人觉得他们的产品比别的地方贵，所以店员说"一分___________一分___________"，他们都是___________，不___________。怀孕___________三个月可以___________吃人参，吃到___________七个月就不要___________，以免把养___________太大。小孩也可以吃人参，人参会帮助小孩___________，强壮___________，改善___________体质。大人一天的___________大概是2-3克，小孩___________，___________满一岁以上___________可以吃。人参可以补___________，但是正在做___________和___________的人，我们不___________吃。通常做完放化疗后才可以吃。不过，___________还是征求您___________的同意，因为每个人的___________都有些不一样。人参可以加些___________或___________清炖。___________人参的苦味就___________点蜂蜜吃。___________上有很多人参的吃法，可以___________参考参考。这家店都是___________标价，___________入账，所以不能___________。

来趟韩国，应该带些___________的韩国泡菜回去___________。为了怕上飞机有味道，店员都会用___________帮您把泡菜___________很多层，味道不会___________出来，也不会___________。如果您还是___________的话，他们也有___________的泡菜，非常___________购买。

1. 괄호 안에 들어갈 단어를 보기에서 고르시오.

> 보기 : 还是　　主要　　结实　　除了

1) 您看，这个包儿做得很(　　　)，质量非常好。

2) (　　　)黑色，我们还有咖啡色和米色。

3) 它是花香的(　　　)果香的？

4) 这款香水(　　　)的成分是香精。

2. 다음 단어를 올바른 순서로 배열하여 문장을 만드시오.

1) 促销　少　有　活动　我们　很

➡ ____。

2) 花香型　的　我　喜欢　比较

➡ ____。

3) 香水　浓郁　这是　的　比较

➡ ____。

4) 看　米色　我　一下　的　给

➡ ____。

3. 다음 괄호 안의 주어진 단어를 사용하여 대화를 완성하시오.

1)

    A：冰箱里有什么好吃的东西？

    B：________________________________。（除了……还有……）

2)

    A：你到底要买那个包儿？

    B：________________________________。（~~来~~去）

3)

    A：谁是李老师啊？

    B：________________________________。（就是）

4)

    A：她会唱歌还是会跳舞？

    B：________________________________？（既……又……）

4. 본문요약 빈칸 채우기.

在免税店买东西时，售货员可以为你做________________，需要帮忙时，可以

__________他们。每个国家对免税商品的________都不一样。进中国的话，一个

人可以________两条烟和两瓶酒。现在买两瓶"约翰走路"可以送一个__________。

________满200美金可以打85折。免税店结帐的时候，得出示__________。果香型的

香水，非常受__________的欢迎。可是这位客人喜欢__________型的。售货员说

浓郁的香水，适合__________使用。这________浓郁的香水主要的成分是__________香精。这瓶55美元的香水，__________人民币大约是350元________。这瓶香水在中国__________是600元左右，客人可以__________250元。这个品牌的香水很少有__________活动。

客人走进名牌包专柜，她想看个__________。售货员推荐了一个__________的皮包，是日本王妃最喜欢的__________。这个包__________，很符合客人的__________。不过客人想买个__________，太小的包儿，__________多少东西。于是售货员介绍了一款________很大的包儿，里面还有很多小__________，不仅可以__________，还可以__________，非常实用。这个包儿是__________做的，__________黑色，还有咖啡色和米色。客人想看米色的，可是售货员得去__________里拿。后来客人觉得这种米色，太______了，不________。__________，还是黑色的好看。黑色的既________，又________，黑色给人的感觉就是______。而且这个包儿做得很______，________非常好。

1. 괄호 안에 들어갈 단어를 보기에서 고르시오.

> 보기 : 起来　设计　办理　这种

1) 请您拿着小票到柜台去(　　　　)退货。

2) 这种衣服的(　　　　)就是要让您穿起来宽松舒适。

3) 我不喜欢(　　　　)款式的。

4) 这件衣服穿(　　　　)有点儿大。

2. 다음 단어를 올바른 순서로 배열하여 문장을 만드시오.

1) 回去　几　您　多　买　条　可以

➡ ____________________________________。

2) 检查　我　仔细　那　检查

➡ ____________________________________。

3) 颜色　这种　您　适合　很

➡ ____________________________________。

4) 再　我　的　那件　红　试试

➡ ____________________________________。

3. 다음 괄호 안의 주어진 단어를 사용하여 대화를 완성하시오.

1)

   A：今晚约会要做什么？

   B：________________________________。(先……再……)

2)

   A：下水的话会不会缩水、退色？

   B：________________________。(只能……不能……)

3)

   A：我要退货。

   B：____________________________________？(办理)

4)

   A：医院在哪儿？

   B：____________________________________？(就)

4. 본문요약 빈칸 채우기.

客人对______在上面的粉红色__________有兴趣，店员说这件衣服的__________

穿起来很__________，不会热，可是这件衣服只能__________，不能水洗。客人

不知道要买哪一件，店员建议她可以多带几件，因为这件衣服__________是11万，

__________打折才卖5万8，现在买正__________。店里的东西都是"__________"，

而且已经是__________，所以不能__________。

성 명 ____________　　학 과 ____________
학 년 ____________　　학 번 ____________

客人的女儿长得很__________, 客人看起来很__________, __________也很白。

韩国今年__________长的牛仔裤, 买多可以__________一点儿, 所以客人打算买五条, 她划价划到3万元, 可是这个价钱. 店家__________都上不来, 店员说如果客人真的__________要的话, 他们__________, 最低一条______她4万, 可是客人觉得__________太贵。

在服装店里, __________的衣服很容易弄脏, 弄脏了就__________卖了, 所以不让客人试穿。那件______香奈儿的衣服看起来有点______, 但是穿起来显得很__________。__________是不可以退换的, 所以要______看好了______买, 客人买之前得__________检查。客人买鞋子, 回家一______, 还是觉得有点儿______, 所以她想退。退货的时候得拿着______到柜台去__________。如果换了比较贵的衣服, 就必须补__________。

보충단어

第一单元 机场服务
공항 서비스

1-1 接机 ┃ 공항 영접

□□	派	pài	동사	파견하다.
□□	接机	jiējī	동사	공항에 가서 영접하다
□□	女士	nǚshì	명사	여사. 숙녀. 부인
□□	刚才	gāngcái	명사	지금 막. 방금
□□	团员	tuányuán	명사	단원
□□	被	bèi	개사	…에게 …당하다
□□	拦	lán	동사	저지하다. 막다. 방해하다
□□	耽搁	dānge	동사	지연, 지체시키다
□□	带	dài	동사	인솔하다. 이끌다
□□	付	fù	동사	(돈을) 지급하다. 지불하다
□□	罚款	fákuǎn	동사	벌금을 내다. 벌금을 물리다
□□	结果	jiéguǒ	명사	결과. 결실
□□	没收	mòshōu	동사	몰수하다. 압수하다

☐☐	难怪	nánguài	부사	어쩐지. 과연
☐☐	谨	jǐn	부사	삼가. 공손히
☐☐	公司	gōngsī	명사	회사
☐☐	跟着	gēnzhe	부사	…와 함께. …에 따라
☐☐	一切	yīqiè	형용사	일체(의)
☐☐	让	ràng	동사	~ 에게 ~하게 하다
☐☐	拿	ná	동사	(손으로) 잡다. (손에)쥐다
☐☐	等着	děngzhe	동사	기다리다

1-2 送机 ▎공항 배웅

☐☐	飞机	fēijī	명사	비행기
☐☐	起飞	qǐfēi	동사	날아 오르다. 이륙하다
☐☐	登机	dēngjī	동사	(비행기에) 오르다. 탑승하다
☐☐	高速公路	gāosùgōnglù	명사	고속도로
☐☐	堵车	dǔchē	동사	차가 막히다
☐☐	拿下来	náxiàlái	동사	가져오다
☐☐	系	jì	동사	매다. 묶다
☐☐	航空公司	hángkōnggōngsī	명사	항공사
☐☐	机械	jīxiè	명사	기계. 기계장치
☐☐	故障	gùzhàng	명사	고장
☐☐	原因	yuányīn	명사	원인
☐☐	晚点	wǎndiǎn	동사	규정보다 늦다
☐☐	原定	yuándìng	동사	원래 정하다
☐☐	忘	wàng	동사	잊다. 잊어 버리다
☐☐	手提	shǒutí	동사	(손잡이나 끈이 있는 물건을) 들다
☐☐	手推车	shǒutuīchē	명사	손수레. 리어카. 카트

1-3 登机手续 ▎탑승 수속

☐☐	连休	liánxiū	명사	휴가. 휴일. 연휴
☐☐	机票	jīpiào	명사	비행기 표. 탑승권

☐☐	靠	kào	동사	의지하다. ~ 에 기대다
☐☐	窗	chuāng	명사	창. 창가
☐☐	走道	zǒudào	명사	보도. 인도
☐☐	位子	wèizi	명사	자리
☐☐	公斤	gōngjīn	양사	킬로그램
☐☐	限	xiàn	동사	제한하다
☐☐	放宽	fàngkuān	동사	넓히다. 확장하다
☐☐	算	suàn	동사	계산(하다). 셈하다. 추산하다
☐☐	交	jiāo	동사	건네다. 건네주다
☐☐	箱	xiāng	명사	상자. 트렁크
☐☐	登机口	dēngjīkǒu	명사	비행기 탑승구. 게이트
☐☐	该	gāi	동사	마땅히 ~ 해야 한다
☐☐	进去	jìnqù	동사	들어가다
☐☐	多亏	duōkuī	부사	다행히. 덕분에
☐☐	联系	liánxì	동사	연계하다. 연락하다
☐☐	找	zhǎo	동사	찾다
☐☐	邀请	yāoqǐng	동사	초청하다. 초대하다
☐☐	后会有期	hòu huìyǒu qī	성어	후에 또 만납시다

第二单元 饭店服务
호텔 서비스

2-1 住宿登记 ▎check-in

☐☐	光临	guānglín	동사	왕림하다
☐☐	住宿	zhùsù	동사	묵다. 숙박하다
☐☐	饭店	fàndiàn(酒店)	명사	호텔
☐☐	双人房	shuāngrénfáng	명사	2인용 방

☐☐	床	chuáng	명사	침대
☐☐	张	zhāng	양사	장 [종이나 가죽 등을 세는 단위]
☐☐	预计	yùjì	동사	예상하다
☐☐	包含	bāohán	동사	포함하다
☐☐	复印	fùyìn	동사	복사하다
☐☐	抱歉	bàoqiàn	동사	미안하게 생각하다. 미안해하다
☐☐	久等	jiǔděng	동사	오래 기다리다

2-2 大厅接待 ▮ 호텔로비 서비스

☐☐	简介	jiǎnjiè	명사	안내서. 간단한 소개서
☐☐	地图	dìtú	명사	지도
☐☐	小酒	xiǎojiǔ	명사	소주
☐☐	夜店	yèdiàn	명사	야간 유흥업소
☐☐	文艺	wényì	명사	예술과 문학. 문예
☐☐	公演	gōngyǎn	명사·동사	공연(하다)
☐☐	时间表	shíjiānbiǎo	명사	시간표
☐☐	乱打秀	luàndǎxiù	명사	난타쇼
☐☐	席位	xíwèi	명사	좌석. 자리
☐☐	场	cháng	명사	장. 시장. 장터
☐☐	送	sòng	동사	보내다. 전달하다
☐☐	条	tiáo	명사	(~儿, ~子) 가늘고 긴 것
☐☐	毯子	tǎnzi	명사	담요·모포·깔개 따위의 총칭
☐☐	马桶	mǎtǒng	명사	변기(便器)
☐☐	水箱	shuǐxiāng	명사	물탱크
☐☐	坏	huài	동사	망가지다. 고장나다
☐☐	修	xiū	동사	수리하다
☐☐	出租车	chūzūchē	명사	택시
☐☐	师傅	shīfu	명사	기사님. 아저씨. 선생님

☐☐	首尔	shǒuěr	고유명사	서울. 대한민국의 수도
☐☐	明洞	míngdòng	고유명사	명동
☐☐	仁寺洞	rénsìdòng	고유명사	인사동
☐☐	南大门	nándàmén	고유명사	남대문
☐☐	东大门	dōngdàmén	고유명사	동대문
☐☐	汉江	hànjiāng	고유명사	한강
☐☐	梨泰院	lítàiyuàn	고유명사	이태원
☐☐	弘大入口	hóngdàrùkǒu	고유명사	홍대입구
☐☐	三清洞	sānqīngdòng	고유명사	삼청동

2-3 退房 ▏ check-out

☐☐	稍	shāo	부사	약간. 좀. 조금. 잠시. 잠깐
☐☐	回报	huíbào	동사	보고하다
☐☐	浴巾	yùjīn	명사	목욕 수건
☐☐	玻璃杯	bōlibēi	명사	유리컵. 유리잔
☐☐	破	pò	동사	망가지다. 깨지다
☐☐	冰箱	bīngxiāng	명사	아이스박스. 냉장고
☐☐	饮料	yǐnliào	명사	음료
☐☐	国际电话	guójìdiànhuà	명사	국제전화
☐☐	现金	xiànjīn	명사	현금. 현찰
☐☐	刷卡	shuākǎ	동사	카드를 긁다. 카드로 결제하다
☐☐	存在	cúnzài	명사동사	존재(하다).현존(하다)
☐☐	贵重	guìzhòng	형용사	귀중하다. 중요하다
☐☐	物品	wùpǐn	명사	물품
☐☐	保险箱	bǎoxiǎnxiāng	명사	소형 금고
☐☐	过夜	guòyè	동사	밤을 지내다
☐☐	规定	guīdìng	동사	규정하다　명사　규정. 규칙

3-1 领位 ▎자리 안내

□□	迎宾员	yíngbīnyuán	명사	접대원
□□	组	zǔ	명사	그룹. 팀
□□	分钟	fēnzhōng	명사	분
□□	凉	liáng	형용사	서늘하다. 선선하다
□□	厕所	cèsuǒ	명사	변소
□□	椅子	yǐzi	명사	의자
□□	包儿	bāor	명사	가방
□□	搁	gē	동사	놓다. 두다. (조미료 따위를) 넣다
□□	自个儿	zìgěr	대명사	자기

3-2 点菜 ▎음식 주문

□□	片	piàn	명사	(평평하고 얇은) 조각. 판. 편. 면적
□□	杂菜	zácài	명사	여러가지 채소
□□	味道	wèidào	명사	맛
□□	不错	búcuò	형용사	좋다. 괜찮다
□□	试试	shìshi	동사	시험 해 보다
□□	餐厅	cāntīng	명사	식당. 레스토랑
□□	最	zuì	부사	가장. 제일 명사 최고. 으뜸
□□	碗	wǎn	명사	공기. 사발. 그릇
□□	听装	tīngzhuāng	명사	깡통 등으로 된 음료수 캔
□□	啤酒	píjiǔ	명사	맥주
□□	马格利米酒	mǎgēlìmǐjiǔ	명사	막걸리
□□	酸	suān	형용사	(맛·냄새 따위가) 시다. 시큼하다

	甜	tián	형용사	(맛이) 달다
☐☐	甜	tián	형용사	(맛이) 달다
☐☐	尝尝	chángchang	동사	맛보다
☐☐	够	gòu	형용사	충분하다. 족하다
☐☐	觉得	juéde	동사	…라고 느끼다. …라고 여기다
☐☐	差不多	chàbuduō	형용사	큰 차이가 없다. 비슷하다
☐☐	赶快	gǎnkuài	부사	빨리. 얼른
☐☐	辣子	là·zi	명사	고추
☐☐	油	yóu	명사	(식물성·동물성·광물성의) 기름
☐☐	盐	yán	명사	소금
☐☐	开水	kāishuǐ	명사	끓는 물. 끓인 물
☐☐	公筷	gōngkuài	명사	공용 젓가락
☐☐	筷子	kuàizi	명사	젓가락
☐☐	勺子	sháozi	명사	(좀 큰) 국자, 숟가락
☐☐	铁	tiě	명사	쇠. 철(Fe)
☐☐	剩下	shèngxià	동사	남다. 남기다 명사 나머지
☐☐	塑料袋	sùliàodài	명사	비닐봉지
☐☐	餐盒	cānhé	명사	도시락
☐☐	帐单	zhàngdān	명사	계산서. 명세서
☐☐	服务费	fúwùfèi	명사	서비스요금
☐☐	接受	jiēshòu	동사	받아들이다. 수락하다

3-3 处理客诉(顾客投诉) ▌ 서비스 불만 처리

☐☐	本来	běnlái	부사	본래. 원래
☐☐	而且	érqiě	접속사	게다가. …뿐만 아니라. 또한
☐☐	凉	liàng	동사	식다. 식히다
☐☐	周末	zhōumò	명사	주말(週末)
☐☐	客人	kèrén	명사	손님
☐☐	比较	bǐjiào	부사	비교적
☐☐	多久	duōjiǔ	대명사	얼마나 오래
☐☐	催	cuī	동사	(행동이나 일을) 독촉하다. 재촉하다
☐☐	咸	xián	형용사	(맛이) 짜다

☐☐	洗	xǐ	동사	씻다
☐☐	干净	gānjìng	형용사	깨끗하다. 깔끔하다
☐☐	脏	zāng	형용사	더럽다. 불결하다
☐☐	意见	yìjiàn	명사	의견
☐☐	果盘	guǒpán(r)	명사	과일을 담는 쟁반
☐☐	肚子	dùzi	명사	복부(腹部)
☐☐	打折	dǎzhé	동사	할인하다
☐☐	像(话)	xiànghuà	형용사	(말이나 행동이) 이치에 맞다. 말이 되다

第四单元 购物服务
쇼핑 서비스

4-1 化妆品店 ▎화장품점

☐☐	保湿	bǎoshī	명사	보습
☐☐	确定	quèdìng	동사	확정하다. 확실히 하다
☐☐	却	què	부사	오히려. 도리어
☐☐	混合	hùnhé	동사	혼합하다
☐☐	涂	tú	동사	바르다
☐☐	瓶	píng	명사	병
☐☐	明星产品	míngxīngchǎnpǐn	명사	히트상품
☐☐	蜗牛	wōniú	명사	달팽이
☐☐	常常	chángcháng	부사	항상. 늘
☐☐	成分	chéngfèn	명사	성분. 요소
☐☐	清爽	qīngshuǎng	형용사	시원하다. 맑고 상쾌하다
☐☐	黏	nián	형용사	끈적끈적하다
☐☐	油腻	yóunì	형용사	기름지다. 기름기가 많다
☐☐	杂志	zázhì	명사	잡지

☐☐	推荐	tuījiàn	동사	추천하다
☐☐	颜色	yánsè	명사	색깔
☐☐	赠	zèng	동사	증정하다
☐☐	礼品	lǐpǐn	명사	선물
☐☐	单独	dāndú	부사	단독(으로)
☐☐	送	sòng	동사	보내주다. 주다
☐☐	试用品	shìyòngpǐn	명사	실용품
☐☐	组合	zǔhé	동사	조합하다
☐☐	编号	biānhào	동사	번호를 매기다
☐☐	顺序	shùnxù	명사	순서. 차례
☐☐	使用	shǐyòng	명사동사	사용(하다)
☐☐	输入	shūrù	명사동사	(컴퓨터 등에) 입력하다
☐☐	收据	shōujù	명사	영수증. 인수증. 수취증

4-2 土特产品店 ▌ 특산물 매장

☐☐	庆祝	qìngzhù	동사	경축하다
☐☐	矿产	kuàngchǎn	명사	지하자원. 매장 광물
☐☐	价格	jiàgé	명사	가격
☐☐	比	bǐ	동사	비교하다. 겨루다
☐☐	原价	yuánjià	명사	원가. 원래 가격
☐☐	值	zhí	동사	…할 가치가 있다. …할 만하다
☐☐	邻居	línjū	명사	이웃. 이웃집
☐☐	同事	tóngshì	명사	동료. 동업자
☐☐	亲戚	qīnqī	명사	친척
☐☐	粉	fěn	명사	가루. 분말
☐☐	循环	xúnhuán	명사동사	순환(하다)
☐☐	方便	fāngbiàn	형용사	편리하다
☐☐	差别	chābié	명사	차별. 차이
☐☐	剥皮	bāopí	동사	가죽·껍질을 벗기다
☐☐	晒	shài	동사	햇볕을 쬐다. 햇볕에 말리다
☐☐	药材	yàocái	명사	약재

□□	炖	dùn	동사	(고기 등을) 푹 고다. 푹 삶다
□□	反复	fǎnfù	동사	반복하다. 되풀이하다
□□	热蒸	rèzhēng	동사	가열하다. 찌다
□□	干燥	gānzào	형용사	건조하다
□□	直到	zhídào	동사	쭉 …에 이르다
□□	呈	chéng	동사	(어떤 색깔이나 상태를) 나타내다. 띠다
□□	棕红色	zōnghóngsè	명사	밤색. 고동색
□□	增加	zēngjiā	동사	증가하다. 더하다
□□	种类	zhǒnglèi	명사	종류
□□	质量	zhìliàng	명사	질량
□□	等级	děngjí	명사	등급. 차별
□□	孕妇	yùnfù	명사	임산부
□□	怀孕	huáiyùn	동사	임신하다
□□	满	mǎn	동사	(정한 기한이) 다 차다. 다하다
□□	胎儿	tāiér	명사	태아
□□	小孩	xiǎohái	명사	어린이
□□	成长	chéngzhǎng	동사	성장하다. 자라다
□□	强壮	qiángzhuàng	형용사	강건하다. 건장하다
□□	骨骼	gǔgé	명사	골격
□□	改善	gǎishàn	명사·동사	개선(하다)
□□	婴幼儿	yīngyòu'ér	명사	영아와 유아
□□	患者	huànzhě	명사	환자
□□	元气	yuánqì	명사	원기
□□	建议	jiànyì	동사	(자기의 주장·의견을) 건의하다
□□	征求	zhēngqiú	동사	구하다. 묻다
□□	主治大夫	zhǔzhìdàifu	명사	주치의
□□	苦味	kǔwèi	명사	쓴 맛
□□	蘸	zhàn	동사	(액체·가루·풀 등) 찍다. 묻히다
□□	网路	wǎnglù	명사	네트워크(network)
□□	不好意思	bùhǎoyìsi	조사	부끄럽다. 쑥스럽다
□□	入账	rùzhàng	동사	장부에 올리다
□□	正宗	zhèngzōng	형용사	정종의. 정통의

	保鲜膜	bǎoxiānmó	명사	랩(wrap)
	漏	lòu	동사	새다. 빠지다
	真空	zhēnkōng	명사	진공
	小伙子	xiǎohuǒzi	명사	청년. 총각
	斤	jīn	양사	근. 킬로그램
	袋	dài	명사	봉지. 자루. 주머니
	捆紧	kǔnjǐn	동사	(바짝) 조르다. 묶다

4-3 免税店 ▌면세점

	登机箱	dēngjīxiāng	명사	기내 가방
	香水	xiāngshuǐ	명사	향수
	上市	shàngshì	동사	출시되다. (상품이) 시장에 나오다
	花香	huāxiāng	명사	꽃 향
	果香	guǒxiāng	명사	과일 향
	感觉	gǎnjué	명사	감각. 느낌 동사 느끼다. 여기다
	香甜	xiāngtián	형용사	향기롭고 달다
	高雅	gāoyǎ	형용사	고상하고 우아하다.
	职业妇女	zhíyèfùnǚ	명사	직장여성. 커리어우먼(career woman)
	浓郁	nóngyù	형용사	짙다. 그윽하다
	茉莉香精	mòlìxiāngjīng	명사	자스민 에센스
	折合	zhéhé	동사	환산하다. 상당하다
	市价	shìjià	명사	싯가. 시장 가격
	节省	jiéshěng	동사	아끼다. 절약하다
	最近	zuìjìn	명사	최근. 요즈음
	手提包	shǒutíbāo	명사	핸드백. 손가방
	王妃	wángfēi	명사	왕비
	小巧	xiǎoqiǎo	형용사	작고 정교하다
	符合	fúhé	동사	부합하다
	气质	qìzhì	명사	기질. 자질
	容量	róngliàng	명사	용량
	里面	lǐmiàn	명사	안. 내부. 속

□□	口袋	kǒudài	명사	호주머니
□□	肩背	jiānbēi	동사	등에 메다. 걸머지다
□□	黑色	hēisè	명사	검은색
□□	咖啡色	kāfēisè	명사	커피색
□□	米色	mǐsè	명사	미색
□□	浅	qiǎn	형용사	얕다. 좁다. 짧다
□□	耐脏	nàizāng	형용사	더러움을 타지 않다. 더러워지지 않다
□□	高贵	gāoguì	형용사	고상하다. 고귀하다
□□	大方	dàfang	형용사	대범하다

고유명사

□□	约翰走路	yuēhànzǒulù	고유명사	조니워커 (양주의 일종)
□□	万宝路	wànbǎolù	고유명사	말보로 담배
□□	三五	sānwǔ	고유명사	'555'담배(중국 담배의 일종)

4-4 服饰店 ▎의류 매장

□□	吊	diào	동사	걸다. 매달다
□□	粉红色	fěnhóngsè	명사	분홍색
□□	退色	tuìshǎi	동사	(천·옷의) 색이[빛이] 바래다. 퇴색하다
□□	干洗	gānxǐ	동사	드라이클리닝하다
□□	水洗	shuǐxǐ	동사	물 세탁하다
□□	换季	huànjì	동사	계절이 바뀌다
□□	可爱	kě'ài	형용사	사랑스럽다. 귀엽다
□□	太太	tàitai	명사	처. 아내. 부인
□□	最低	zuìdī	형용사	가장 낮다. 최저이다
□□	镜子	jìngzi	명사	거울. 안경
□□	宽松	kuānsōng	형용사	널찍하다. 여유가 있다.
□□	舒适	shūshì	형용사	쾌적하다. 편하다
□□	露	lòu	동사	드러나다. 드러내다
□□	仿	fǎng	동사	모방하다. 본뜨다
□□	显得	xiǎnde	동사	…하게 보이다

□□	洋气	yángqì	명사|형용사	서양식(의). 서양풍(의)
□□	叉L（XL）	chā	명사	'×'표. XL 사이즈
□□	仔细	zǐxì	형용사	꼼꼼하다. 자세하다. 세밀하다
□□	一套	yītào	명사	한 세트
□□	夹	jiā	동사	끼이다
□□	脚	jiǎo	명사	발
□□	小票	xiǎopiào	명사	물건 구매 영수증

고유명사

□□	香奈儿	xiāngnàier	고유명사	샤넬(상표)

Memo
Memo

연습문제 해답

第一单元 机场服务
공항 서비스

1-1 接机 ▎공항 영접

1. 괄호 안에 들어갈 단어를 보기에서 고르시오.

  1) 来，老先生，请让我帮您(拿)行李，请大家跟着我走。

  2) 原来是这样啊！(难怪)通关花了这么长的时间。

  3) 那就(麻烦)你了。

  4) 你是可乐旅行社(派来)接机的吗？

2. 다음 단어를 올바른 순서로 배열하여 문장을 만드시오.

  1) 没问题，一切包在我身上。

  2) 不客气，这是我们应该做的。

  3) 只是 刚才 有些 团员 被 海关 拦下来 检查 行李，耽搁了 一些 时间。

  4) 耽搁了 一些 时间。

4. 본문요약 빈칸 채우기.

天津的领队带着<u>团员</u>来到韩国，通关的时候不太<u>顺利</u>，因为有些团员被<u>海关</u>拦了下来，多带酒的被海关<u>课了税金</u>。带水果的人，水果被<u>没收</u>了。这次的<u>医美观光</u>行程，AB旅行社已经为大家<u>安排</u>好了。接待员帮老先生拿<u>行李</u>，大家<u>跟着</u>接待员走，旅行社的车子在外边<u>等着</u>。

1-2 送机 ▌ 공항 배웅

1. 괄호 안에 들어갈 단어를 보기에서 고르시오.

1) 大家也(<u>可以</u>)在免税机场逛久一点。

2) 您明天回中国的飞机是下午3点20分(<u>起飞</u>)。

3) 好的,我(<u>帮</u>)您把行李拿到车上。

4) 我们就要开车了,请大家(<u>系好</u>)安全带。

2. 다음 단어를 올바른 순서로 배열하여 문장을 만드시오.

1) 我打电话到航空公司问了一下。

2) 我们还是按照原定时间出发。

3) 高速公路可能会塞车。

4) 到机场的车子11点会来接您。

4. 본문요약 빈칸 채우기.

他们回去中国的飞机是下午3点20分<u>起飞</u>，所以1点20分开始<u>办理</u>登机手续。因为高速公路可能会<u>塞车</u>，所以<u>得</u>早点儿出发。接待员让他们在<u>饭店大厅</u>等候。大家把行李都<u>拿下来</u>了。出发时，接待员要大家系好<u>安全带</u>。因为飞机<u>机械故障</u>的原因，飞机会<u>晚点</u>两个小时。可是他们还是按照<u>原定时间</u>出发，大家可以在机场免税店<u>逛久一点</u>。

1-3 登机手续 ▌ 탑승 수속

1. 괄호 안에 들어갈 단어를 보기에서 고르시오.

1) 希望您这次来韩国(<u>对</u>)我的服务感到满意。

2) 您下次再来韩国旅游时，可以(<u>跟</u>)我联系。

3) 谢谢你,多亏了你的帮忙,(<u>让</u>)我在韩国一切都很顺利。

4) 能(<u>为</u>)您服务是我的荣幸。

2. 다음 단어를 올바른 순서로 배열하여 문장을 만드시오.

1) 谢谢您的邀请，祝您旅途平安。

2) 我一定会尽力帮忙。

3) 我们得赶紧去办理登机手续。

4) 時間差不多了，您該進去了。

4. 본문요약 빈칸 채우기.

到了机场，接待员帮客人办理<u>登机手续</u>，客人要坐<u>靠窗</u>的位子。<u>柜台小姐</u>说客人的行李<u>超重</u>了，她已经帮客人<u>放宽</u>到25公斤，可是客人<u>还是</u>超过3公斤，得交<u>超重费</u>。手续办好以后，接待员把<u>证件</u>和<u>登机卡</u>给客人，请他拿好。接待员希望客人对他的<u>服务</u>感到满意。接待员觉得能为客人服务是他的<u>荣幸</u>，他祝福客人<u>旅途平安</u>，希望<u>后会有期</u>，以后能再见面。

第二单元 饭店服务
호텔 서비스

2-1 住宿登记 ▌ check-in

1. 괄호 안에 들어갈 단어를 보기에서 고르시오.

1) 我要(**一间**)双人房。

2) 请您(**提前**)一天告诉我们。

3) 请(**出示**)一下您的证件。

4) 请(**填写**)一下这张表格。

2. 다음 단어를 올바른 순서로 배열하여 문장을 만드시오.

1) 请问是要一张大床还是两张小床？

2) 我先预订住三天。

3) 可能会造成您的不便。

4) 请帮我加一个床。

4. 본문요약 빈칸 채우기.

这家饭店是<u>三星</u>级的，客人想订一间<u>双人房</u>，他要两张<u>小床</u>的。<u>一晚</u>是10万韩币，他<u>预计</u>住三天。如果他想<u>续住</u>的话，必须<u>提前</u>一天告诉饭店人员。<u>加床费</u>是3万元。房费<u>包含</u>早餐。入住饭店的时候，要出示<u>证件</u>，填写<u>表格</u>，还要刷卡付<u>押金</u>。

2-2 大厅接待 ▌ 호텔로비 서비스

1. 괄호 안에 들어갈 단어를 보기에서 고르시오.

1) (要)在这里住四天，有哪些地方可以去？

2) 如果要购物逛街可以去东大门(或)南大门。

3) 请帮我(叫)一辆出租车。

4) 我可以帮您(代)订。

2. 다음 단어를 올바른 순서로 배열하여 문장을 만드시오.

1) 这里还有购物地图和地下铁地图。

2) 首尔市区有很多景点。

3) 首尔晚上可以去哪儿呢？

4) 我们马上派人去修。

4. 본문요약 빈칸 채우기.

客人要在首尔住三天，他需要首尔<u>地图</u>。服务员还给了他<u>购物</u>地图和<u>地下铁</u>地图。首尔晚上如果要<u>购物逛街</u>可以去东大门或南大门。如果要<u>喝点小酒</u>、<u>上夜店</u>可以去梨泰院或弘大入口。客人想看"乱打秀"，服务员说可以帮他<u>代订</u>。客人要订两张成人票，一张儿童票，但是剧场不分成人儿童，它只分7万、6万、5万、4万四种<u>席位</u>。除了订票，客人另外请服务员多送一条<u>毯子</u>到房间，马桶的<u>水箱</u>坏了，也要<u>派</u>个人去修。客人的<u>房号</u>是713号房，他让服务员帮他<u>叫</u>一辆出租车，并且告诉出租车<u>师傅</u>要去三清洞。

2-3 退房 ▌ check-out

1. 괄호 안에 들어갈 단어를 보기에서 고르시오.

1) 行李可以(存)在这儿吗？

2) 还好里面没有什么(特别)的东西。

3) 我们(规定)退房的客人行李不能过夜。

4) 您(里面)有什么贵重或易碎的物品吗？

2. 다음 단어를 올바른 순서로 배열하여 문장을 만드시오.

1) 那我今晚十点来取好了。

2) 这是您的行李存条。

3) 打了一通国际电话。

4) 有一个玻璃杯破了。

4. 본문요약 빈칸 채우기.

客人退房结账的时候，查房员<u>回报</u>说，<u>少</u>了一条浴巾，有一个玻璃杯<u>破了</u>。还有饮用了<u>小冰箱</u>里的三瓶饮料，打了<u>一通</u>国际电话。加上<u>房费</u>，住宿费用<u>一共</u>是十七万三千两百元韩币。服务员请客人确认一下<u>账单</u>，因为客人<u>还要</u>在饭店附近<u>遛遛</u>，所以行李想<u>存</u>在饭店。<u>贵重</u>的东西应该寄放在柜台的<u>保险箱</u>，如果有<u>易碎</u>的东西就不能<u>存放</u>。饭店<u>规定</u>退房的客人行李不能<u>过夜</u>，如果过夜要<u>另外</u>付费，所以客人<u>打算</u>十点去取行李。

第三单元 餐饮服务
식음료 서비스

3-1 领位 ▌ 자리 안내

1. 괄호 안에 들어갈 단어를 보기에서 고르시오.

1) 您(前面)还有3组客人在等位子。

2) 请往里走，在右边儿. (需要)我带您去吗？

3) 这个位子不好，(靠近)厕所。

4) 请问要坐吸烟区(还是)非吸烟区？

2. 다음 단어를 올바른 순서로 배열하여 문장을 만드시오.

1) 那我们去坐吸烟区好了。

2) 那个位子有人预订了。

3) 现在非吸烟区没座了。

4) 您得稍等一下。

4. 본문요약 빈칸 채우기.

五位中国客人进了餐厅，他们没有<u>订位</u>。他们想坐<u>非吸烟</u>区，可是没座了。迎宾员说他们前面还有七<u>组</u>客人在等<u>位子</u>。结果他们去坐<u>吸烟</u>区。因为他们带了孩子，所以需要<u>儿童专用椅</u>。包儿太多，没地方<u>搁</u>，还需要<u>加</u>把椅子。想上洗手间的客人，不<u>需要</u>迎宾员带他去，他<u>自个儿</u>可以去。

3-2 点菜 ▎ 음식 주문

1. 괄호 안에 들어갈 단어를 보기에서 고르시오.

1) 我们(<u>还要</u>)三碗米饭，一瓶大可。

2) (<u>赶快</u>)帮我们上菜，我们赶时间。

3) 我(<u>马上</u>)帮你们送过来。

4) 您可以(<u>继续</u>)用餐到三点。

2. 다음 단어를 올바른 순서로 배열하여 문장을 만드시오.

1) 我们这里接受信用卡和中国银联卡。

2) 帮我们把剩下的菜打包。

3) 那就来一瓶尝尝吧。

4) 那是一种韩国传统的白色米酒。

4. 본문요약 빈칸 채우기.

服务员把<u>菜单</u>拿给客人看，请客人要<u>点菜</u>时，叫他一声。服务员介绍部队汤就是汤里放了几节、几片、一些<u>杂菜</u>、和等，<u>味道</u>不错。餐厅最有名的招牌菜是<u>土豆排骨汤</u>和<u>海鲜煎饼</u>。他们的酒水点了3<u>听</u>可乐，1<u>瓶</u>马格利米酒。马格利米酒是一种韩国<u>传统</u>的白色米酒，喝起来<u>酸酸甜甜的</u>。客人希望别<u>搁</u>太多辣子，因为太辣他们<u>吃不了</u>。客人也希望少油少<u>盐</u>不放味精，因为他们吃得很<u>清淡</u>。在韩国饭馆儿吃饭时，通常会招待一些免费的<u>小菜</u>。中国客人<u>习惯</u>喝热的，他们觉得铁筷子<u>不好用</u>。这家饭馆的厨房两点<u>休息</u>，要加点菜的话，必须在一点半以前。客人可以继续<u>用</u>餐到三点。吃剩的东西，客人要<u>打包</u>。买单的时候，<u>除了</u>餐费，账单多了百分之二十的<u>服务费</u>和<u>附加税</u>。

3-3 处理客诉(顾客投诉) ▎ 서비스 불만 처리

1. 괄호 안에 들어갈 단어를 보기에서 고르시오.

1) 今天是周末，客人(<u>比较</u>)多。

2) (<u>还有</u>)你们的餐具没洗干净。

3) 我(马上)就送来。

4) 真的很抱歉，(希望)你们见谅。

2. 다음 단어를 올바른 순서로 배열하여 문장을 만드시오.

1) 还要等多久啊？

2) 我马上给你们换。

3) 你们的菜太咸了。

4) 让你们久等了。

4. 본문요약 빈칸 채우기.

客人点了海鲜乌龙面，可是海鲜只有<u>一点点</u>，而且面也<u>凉</u>了。因为糖醋肉还要等十分钟<u>左右</u>，客人要服务员把糖醋肉<u>退</u>了，客人觉得这家餐厅的菜<u>太咸了</u>，餐具没洗<u>干净</u>，有点儿<u>脏</u>。服务员表示会跟厨房<u>反映</u>并且<u>改进</u>，还有谢谢客人的<u>意见</u>。因为餐厅的服务<u>不周到</u>，所以餐厅<u>招待</u>了果盘。客人还不满意，他们觉得吃了<u>一肚子气</u>。所以服务员请柜台再帮客人<u>打个折</u>，希望客人能<u>见谅</u>。

第四单元 购物服务
쇼핑 서비스

4-1 化妆品店 ▎ 화장품점

1. 괄호 안에 들어갈 단어를 보기에서 고르시오.

1) 这个(含有)很多维他命的成分。

2) 您是自己用(还是)送人？

3) 不客气，祝您购物(愉快)！

4) 我知道了，您(属于)混合型肌肤。

2. 다음 단어를 올바른 순서로 배열하여 문장을 만드시오.

1) 您可以在手上试一下。

2) 我们现在没有打折活动。

3) 您还需要点别的吗？

4) 请包漂亮一点儿。

4. 본문요약 빈칸 채우기.

客人想买一些<u>保湿</u>产品，她是要<u>自己用</u>，不是送人。客人的<u>T字区</u>容易出油，但<u>两颊</u>冬天却很<u>干</u>，<u>属于</u>混合型肌肤。所以售货员推荐了橄榄<u>滋养霜</u>，它专门<u>针对</u>混合型肌肤，涂上去以后，很容易<u>推开</u>，保湿<u>效果</u>非常好。店里卖得最好的<u>明星产品</u>是蜗牛<u>系列</u>的，他们常常卖到<u>断货</u>。蜗牛面霜含有很多维他命的<u>成分</u>，擦起来很<u>清爽</u>，不<u>粘</u>也不<u>油腻</u>。售货员给客人介绍了一支杂志上<u>推荐</u>的美白霜，是<u>由韩佳人代言</u>的。店里部分商品有<u>买一赠一</u>的活动，就是<u>特价花车</u>上的手霜、眼霜、精华液。客人有些化妆品是要送人的，需要<u>礼品</u>包装。化妆品店现在没有<u>打折</u>活动，但是会送客人一些<u>试用品</u>和<u>旅行用组合</u>。因为有些产品没有中文<u>说明书</u>，所以售货员帮客人写上<u>编号</u>，客人按照<u>顺序</u>使用就可以了。结账时，刷<u>银联卡</u>的话可以打95折。刷银联卡时需要输入<u>密码</u>。因为客人的商品<u>包装</u>需要点时间，所以售货员建议客人先到<u>别处</u>逛逛，<u>待会儿</u>再来取。于是客人想到东大门，东大门<u>离</u>化妆品店有点<u>距离</u>，走路有点儿<u>远</u>，得坐5站的<u>地铁</u>，或是<u>打的</u>去。

4-2 土特产品店 ▌ 특산물 매장

1. 괄호 안에 들어갈 단어를 보기에서 고르시오.

1) 人参会帮助小孩(<u>成长</u>)。

2) 我要买(<u>一些</u>)人参，有什么产品可以推荐？

3) 请问一下，孕妇(<u>可以</u>)吃人参吗？

4) 要不要(<u>看看</u>)紫水晶，现在有特价哦。

2. 다음 단어를 올바른 순서로 배열하여 문장을 만드시오.

1) 我们这里都是明码标价。

2) 非常方便购买。

3) 人参可以补元气。

4) 那我就帮您包起来了。

4. 본문요약 빈칸 채우기.

今天土特产品店为了庆祝<u>周年庆</u>，<u>全场</u>打五折。平常他们<u>最多</u>打8折。韩国因为紫水晶矿产<u>丰富</u>，所以紫水晶价格<u>比</u>别的国家便宜。客人花20万买了紫水晶项链，买得<u>真值</u>！

人参专柜的店员建议，如果要买很多送<u>邻居</u>、<u>同事</u>的话，可以买些价格<u>低</u>的人参糖、人参<u>切片</u>、人参<u>羊羹</u>或人参茶。如果是送<u>亲戚好友</u>或<u>自己吃</u>的话，就可以买人参粉、人参<u>浓缩液</u>、人参<u>胶囊</u>或<u>整条</u>的人参。人参浓缩液和人参胶囊的<u>成分</u>是一样的，都是针对<u>血液循环</u>方面的<u>疾病</u>，例如高血压、心脏病、糖尿病，<u>只是</u>胶囊吃起来会<u>比较</u>方便。白参多用于<u>药材</u>，例如炖<u>参</u>鸡汤。红参在<u>蒸熟</u>过程中会增加<u>人参皂苷</u>的种类和数量，吃了也比较。客人觉得他们的产品比别的地方贵，所以店员说"一分<u>钱</u>一分<u>货</u>"，他们都是<u>真材实</u>

料，不掺假。怀孕满三个月可以开始吃人参，吃到满七个月就不要再吃，以免把胎儿养太大。小孩也可以吃人参，人参会帮助小孩成长，强壮骨骼，改善敏感体质。大人一天的分量大概是2-3克，小孩减半，婴幼儿满一岁以上才可以吃。人参可以补元气，但是正在做放疗和化疗的人，我们不建议吃。通常做完放化疗后才可以吃。不过，最好还是征求您主治大夫的同意，因为每个人的体质都有些不一样。人参可以加些红枣或枸杞子清炖。怕人参的苦味就蘸点蜂蜜吃。网路上有很多人参的吃法，可以上网参考参考。这家店都是明码标价，电脑入账，所以不能划价。

来趟韩国，应该带些正宗的韩国泡菜回去尝尝。为了怕上飞机有味道，店员都会用保鲜膜帮您把泡菜裹很多层，味道不会跑出来，也不会漏。如果您还是担心的话，他们也有真空包装的泡菜，非常方便购买。

4-3 免税店 ▮ 면세점

1. 괄호 안에 들어갈 단어를 보기에서 고르시오.

1) 您看，这个包儿做得很(结实)，质量非常好。

2) (除了)黑色，我们还有咖啡色和米色。

3) 它是花香的(还是)果香的？

4) 这款香水(主要)的成分是香精。

2. 다음 단어를 올바른 순서로 배열하여 문장을 만드시오.

1) 我们很少有促销活动。

2) 我比较喜欢花香型的。

3) 这是比较浓郁的香水。

4) 给我看一下米色的。

4. 본문요약 빈칸 채우기.

在免税店买东西时，售货员可以为你做介绍，需要帮忙时，可以告诉他们。每个国家对免税商品的限制都不一样。进中国的话，一个人可以带两条烟和两瓶酒。现在买两瓶"约翰走路"可以送一个登机箱。消费满200美金可以打85折。免税店结帐的时候，得出示登机证。

果香型的香水，非常受年轻女孩的欢迎。可是这位客人喜欢花香型的。售货员说浓郁的香水，适合晚上使用。这款浓郁的香水主要的成分是香精。这瓶55美元的香水，折合人民币大约是350元左右。这瓶香水在中国市价是600元左右，客人可以节省250元。这个品牌的香水很少有促销活动。

客人走进名牌包专柜，她想看个手提包。售货员推荐了一个新到的皮包，是日本王妃最喜欢的款式。这个包小巧精致，很符合客人的气质。不过客人想买个实用的，太小的包儿，装不了多少东西。于是售货员介绍了一款容量很大的包儿，里面还有很多小口袋，不仅可以手提，还可以肩背，非常实用。这个包儿是牛皮做的，除了黑色，还有咖啡色和米色。客人想看米色的，可是售货员得去库房里拿。后来客人觉得这种米色，太浅了，不耐脏。看来看去，还是黑色的好看。黑色的既耐脏，又耐看，黑色给人的感觉就是高贵大方。而且这个包儿做得很结实，质量非常好。

1. 괄호 안에 들어갈 단어를 보기에서 고르시오.

1) 请您拿着小票到柜台去(办理)退货。

2) 这种衣服的(设计)就是要让您穿起来宽松舒适。

3) 我不喜欢(这种)款式的。

4) 这件衣服穿(起来)有点儿大。

2. 다음 단어를 올바른 순서로 배열하여 문장을 만드시오.

1) 您可以多买几条回去。

2) 那我仔细检查检查。

3) 这种颜色很适合您。

4) 我再试试那件红的。

4. 본문요약 빈칸 채우기.

客人对吊在上面的粉红色衬衫有兴趣，店员说这件衣服的面料穿起来很透气，不会热，可是这件衣服只能干洗，不能水洗。客人不知道要买哪一件，店员建议她可以多带几件，因为这件衣服原价是11万，换季打折才卖5万8，现在买正合适。店里的东西都是"不二价"，而且已经是打折品，所以不能讲价。

客人的女儿长得很可爱，客人看起来很年轻，皮肤也很白。韩国今年流行长的牛仔裤，买多可以便宜一点儿，所以客人打算买五条，她划价划到3万元，可是这个价钱，店家上货都上不来，店员说如果客人真的有心要的话，他们实打实的，最低一条算她4万，可是客人觉得还是太贵。

在服装店里，套头的衣服很容易弄脏，弄脏了就没法卖了，所以不让客人试穿。那件仿香奈儿的衣服看起来有点露，但是穿起来显得很洋气。特价品是不可以退换的，所以要先看好了再买，客人买之前得仔细检查。客人买鞋子，回家一套，还是觉得有点儿夹脚，所以她想退。退货的时候得拿着小票到柜台去办理。如果换了比较贵的衣服，就必须补差价。

Memo

Memo
Memo